劇的再建

「非合理」な決断が会社を救う

まえがき　儲かるだけの仕事ならやらない

経営者には「始める」人と「引き継ぐ」人の2種類しかいません。世の中的には、新たに会社を始めるスタートアップに注目や期待が集まりがちですが、わたし自身が「引き継ぐ」ことの価値や「引き継ぐ」人々の魅力を再認識したのは、ASEANの経営者を対象に行った研修でのことでした。

タイ、ベトナム、フィリピン、インドネシア、パキスタン、スリランカ……国はさまざまですが、研修に参加したのはみんなたたき上げの創業者です。自宅の一室や倉庫で事業を始め、創業から20年で4万人の従業員を雇用するようになった人。革命後、職を追われて仕方なく始めた養鶏場から全国チェーンのレストランに発展させた人。いずれもドラマチックな経営者人生を歩んできた方ばかりです。

東南アジアの新興国には、歴史的な背景から100年企業はほとんどありません。経済の急成長を受けて、自分で会社をつくって成長させた創業社長が多く、事業承継のタイミングをこれから初めて迎えることになります。自国内にはノウハウがないため「世界一の長寿企業大国NIPPONに学びに行け」というわけです。なにしろ、日本には100年企業が3万社以上あり、世界全体の4割を占めているのですから。

この研修には、日本の長寿企業の経営者が参加してディスカッションをしながら学び合うカリキュラムがありました。フィリピンから来たプラスチック製品メーカーの創業社長は、ある時こんな質問をしました。

「経営判断をする時に大切にしているモノサシは何ですか？」

日本の鋼板メーカーの社長は「うーん」と唸りながら、「こういう時はその道を選ばない、という基準ならあります」とホワイトボードに書き始めました。

「only for money, only for me, only for now」

（儲かるだけの仕事ならやらない。自社のためだけの仕事ならやらない。今がよければいいという仕事ならやらない）

それを見た海外の経営者たちの間に感嘆の声が広がりました。ホワイトボードの文字を撮影し、「これが日本の長寿企業だ」とコメントをつけてSNSに投稿していた人もいました。

またある時には、タイから来日した食品加工業のアトツギがこんな質問をしました。

「日本の長寿企業の経営者はなぜそこまで会社の存続にこだわるのですか？　苦労するくらいなら売っちゃえばいいじゃないですか」

回答したのは工具商社の3代目社長でした。

「会社は、僕の所有物ではない。先祖と子孫からの『預かりもの』なんです。先祖から預かっているものだから、次の世代に返さないといけないんです」

印象深かったのは、彼が「子どもからの預かりもの」ではなく「子孫からの預かりもの」という表現を使ったことでした。今から何世代も先までを見据えて、会社を永続させていくという意志がなければ、「子孫」という言葉は出てこないでしょう。「今まで」と「これから」の非常に長い歴史の中で、自分はたまたま「今」を担当しているにすぎない。この言葉を聞いて涙する参加者もいました。

親が営む会社を子どもが引き継ぐ。99％が中小企業であり、そのほとんどが同族経営という日本において、かつてはそれが自然なスタイルでした。時代の変化をはじめ、さまざまな原因で経営が悪化することも少なくないでしょう。それでも再建を果たし、存続する会社が日本経済を支えてきました。

ところが、現在は「親の会社を継ぎたくない」「子どもに苦労をさせたくない」といった理由で廃業を選ぶ会社が増えました。それに対する危機感から、国は応急処置的にM&A、第三者承継、社員承継、廃業支援といった政策を打ち出していますが、「なぜ子どもが親の会社を継がなくなっているのか」という本質的な問題は放置されたままです。

＊

わたしは、2018年に一般社団法人ベンチャー型事業承継という団体を立ち上げて、全国の同族企業の後継者（アトツギ）が新たな事業展開に挑戦するための環境整備に取り組んでいます。

本業は、小さなデザイン会社「株式会社千年治商店《せんねんじ》」の代表として、企業の歴史を活用したブランディングや社史製作を手掛けています。

その前は17年間にわたり、企業情報誌「Bplatz」の編集長として300社以上の経営者を取材してきました。順風満帆な成功ストーリーはお断り。会社が窮地に陥った時や、経営者として間違った決断をしてしまった時に、どのように乗り越えていったのかを赤裸々に話していただきました。とりわけ心を惹かれたのが、家族の会社を引き継いだひとたちの話です。「天国と地獄」ということばを地で行くような彼らの劇的な経営再建のストーリーに、取材であることを忘れて聞き入ってしまうこともしばしばでした。アトツギは血を分けた我が子に限りません。先代から経営のバトンを引き継ぎ、それをまた次代へとつなぐまで会社の存続に責任を持つひとを指します。

そういう取材を続けているうちに、まるで彼らの熱量がのりうつったかのように、わたしは全国のアトツギたちを支援するようになりました。大学のゼミやオンラインの場で彼らが交流できるようにし、支援を本格化するための団体の立ち上げと並行して、挑戦するアトツギたちを支援してくれるよう、まるで道場破りのように、地方自治体や中央官庁に突撃。そんな猪突猛進ぶりを「ジャンヌ・ダルクみたいだね」と笑って力を貸してくれるひとたちに支えられて今に至ります。

そうした足場のひとつが関西大学で、わたしは現在、親が商売や事業を営む学生を対象に

「アトツギ白熱教室」と名付けたゼミを受け持っています。2014年、たまたま親が商売している家に「生まれちゃった」人を主な対象として、社会に出る前に家業に向き合い、家業の可能性を考えてもらおうという趣旨でスタートしました。ケーススタディと議論を繰り返しながら、家業の経営資源を活用した新しいビジネスを考えてもらうのが目的で、講師として来ていただくのは全員が同じ境遇だった先輩経営者です。

この授業で、毎年初回にやっている恒例行事があります。黒板の真ん中に縦線を引いて、スタートアップ（起業家）とアトツギ（後継者）という二つのゾーンをつくり、それぞれについて学生たちに自分自身で感じていることや、世間がどう見ていると思うかというイメージを書き出してもらうのです。

スタートアップのほうは、「夢でいっぱい」「一攫千金」「株式公開」「自由」「カリスマ」「何もかも自分で決められる」「クリエイティブ」「チャレンジ」「イノベーター」などポジティブな言葉が目立ちます。中には「女優と結婚」なんて書かれていたことも。

一方、アトツギはというと、「先代と力量を比べられる」「親族ともめる」「社員を採用する際に制約がある」「3代目で潰す」「新しいことを始めようとすると社員から反対される」「先代との葛藤」「ボンボンだと思われる」「地味」「将来性がない」「斜陽産業」などネガティブな言葉のオンパレード。

これを書いた人の中には、家業を継ぐかもしれない若者もたくさんいます。当事者である彼らが将来に夢や希望を持てずにいるなら、いまや日本中で耳にするようになった後継者不在の問題は起こるべくして起こっていると言わざるを得ません。

わたしは、この根拠のないままに一人歩きしつつある固定観念を崩し、若い世代からの見え方を変えることが、後継者不在問題の解決につながるんじゃないかと考えて、「ベンチャー型事業承継」というスタイルを広めることにしました。アトツギが、先代から受け継いだ有形無形の経営資源を活用して新しい事業領域に挑んでいくことをベンチャーの一つとして再定義しようというものです。

「ベンチャー型事業承継」という言葉を最初に使い始めたのは、バイク・自転車部品の通販事業を手掛けるカスタムジャパンの村井基輝《もとき》社長です。村井さんはおじいさんが創業したバイク部品商の3代目。2005年にご自身で創業したカスタムジャパンでは、先代から受け継いだバイク部品の仕入れルートや多種多様な商品に関する専門知識という経営資源にITビジネスのノウハウを掛け算して、海外にも展開しています。

村井さんはユニークな経歴の持ち主です。長男として生まれたものの家業を継ぐ気は毛頭なく、家を出てクラブDJやITベンチャーの役員として働いていました。数々の新規事業立ち上げに携わり、多くの成功も収めましたが、ある時担当した事業が思うように伸びず壁にぶつかったことがありました。父親から「戻ってこないか」と声がかかったのが、ちょうどそのタイミングでした。大阪の下町で営む家業はバイク部品の販売。当時は、父親と親戚を含めて社員5人の小さな所帯でした。仕事のやり方は「超アナログ」で、電話で注文を受けて紙の伝票を起こし、軽トラで納品する。「東京のイケイケのIT業界とエアコンもない長屋とのギャップがすごかった」そうです。

でも、ある日、こっそり決算書を見て驚きました。財務内容が驚くほど優良だったからです。ベンチャーキャピタルから数千万の資金調達をしたものの、あっという間に資金ショートして行き詰ったというIT企業時代の経験があったので、父親が、規模は小さくても堅実に経営を続けてきたことの価値に気づきました。

「これは潰したらあかん」

村井さんは、自分でつくったチラシを持って、日本各地の整備工場に営業に出かけます。それをふりだしに、自動車部品の通販ビジネスに特化した別会社を31歳で創業、その後、父親の会社の3代目アトツギにもなりました。村井さんの家業を含めたグループ企業は現在、従業員数100人、バイク部品の自社ブランドも展開し、100万アイテムを扱うまでに成長しました。事業拡大の一方で村井さんは父親と同じスタイルを守り、急成長で調子に乗ることもなく、堅実な経営を続けています。

株式会社カスタムジャパン　村井基輝社長

アトツギ。スタートアップ。
どちらで呼ばれても、村井さんには違和感があったそうです。銀行や業界団体が主催するような、いわゆる2世会に行くと、よそいき顔でおとなしくしている2世や3世ばかり。一方で、スタートアップの集まりに行くと、株式公開《IPO》だ、売却《バイアウト》だとギラギラした雰囲気で、それにもなんだかなじめない。そこで村井さんは、自身のスタイルを「ベンチャー型事業承継」と名付けることにしたのです。

村井さんからこの言葉を聞いた瞬間、わたしは「これだ！」と思いました。スタートアップとアトツギとの中間領域。これこそが、日本の経済を活性化させる概念ではないか。

「この概念を新しいジャンルとして定着させよう！」

そう思い立ったのが2015年。あとは、行動あるのみです。編集長をしていたビジネス情報誌で特集を組んでみたり、政策化を求めて霞が関を行脚したりと、猛烈に動き始めました。

そして2017年。近畿経済産業局が全国で初めて、中小企業の若手後継者を対象とした「ベンチャー型事業承継」支援を発表しました。ベンチャー型事業承継の定義は、「若手後継者が、世代交代を機に、先代から受け継ぐ有形・無形の経営資源をベースにリスクや障壁に果敢に立ち向かいながら、新規事業、業態転換、新市場参入など新たな領域に挑戦することで永続的な経営をめざし、社会に新たな価値を生み出すこと」。国のベンチャー政策といえばスタートアップ（起業家）を支援するというのが一般的だったところへ、中小零細企業の若手アトツギこそベンチャーの卵だと国が発表したことで、大きな話題となりました。舞台裏にいたひとりとして、それまでの紆余曲折を思い出し、感慨もひとしおでした。

これで、世の中のアトツギたちが「引き継ぐ」ことの意味や価値を深く感じてくれれば、より力強いパワーが生まれるはずです。

「継続は力なり」という言葉は、会社にもあてはまります。

逆に言えば、会社が存続するためには、商品・サービスの力やビジネスモデルに優れているだけでなく、時代に適応して自身を変え、顧客に愛され続ける必要があります。また、社会的な存在としてのモラルや、働きやすい労働環境なども求められるでしょう。テクノロジーが進化し、業種や業態の線引きがとっくに崩壊している時代に会社を存続させていくというのは、並大抵のことではありません。

この本に登場する経営者たちは、すべて誰かが始めた会社をなりゆきで「継いだひと」です。しかも、うまくいかなくなった会社を素人同然の状態で継ぎ、大胆に生まれ変わらせて、長寿企業としてこのさき100年、1000年続いていくような礎をつくっているひと。失敗しても挑戦を諦めず、自分の頭で考えることをやめずに生きているひとたちです。

倒産危機、全員解雇、顧客ゼロ……絶望しかないようなピンチをどうやって凌いだか。どん底で何を考えたか。どうやって新規事業を始め、新市場に参入し、あるいは業態転換を果たしたか——。自身が味わった地獄を、そして周囲が驚くような未来を切り拓いた舞台裏のすべてを、彼らは赤裸々に語ってくれています。ないもの尽くしの逆境から見事に再建を果たしたという意味でも、この本は「裸の経営再建」戦記といえるでしょう。

彼らの決断は、時に非合理的です。いや、合理的なやりかたでは、再建を果たし、今の会社として生き残ることは不可能だったというべきかもしれません。

とはいえ、彼らは決して超人ではありません。さらに言えば、彼らの経験はアトツギに限らず「働くひと」すべてが参考にできるもの。職種や職歴を問わず、経営者でも一般社員でも、もちろん管理職でも、厳しい環境で挑戦を諦めないあなたに語りかけてくるはずです。

人生と思考の軌跡を本音で語ってくれた彼らの言葉があなたの意識を変え、日本経済に地殻変動が起きる。

わたしはそう信じて、この本を書きました。

企業概要

【会社名】　株式会社カスタムジャパン

【業種】　卸売業

【事業内容】　バイク・自転車・自動車パーツと整備工具の販売
パーソナルモビリティの開発・販売

【所在地】　◆本社
〒542-0073
大阪府大阪市中央区日本橋2-9-16
日本橋センタービル6F
TEL：06-6634-1739（代表）
FAX：06-6634-8239

【代表者】　代表取締役　村井基輝

【資本金】　1000万円（2023年8月現在）

【売上高】　非公開

【従業員数】　100名

【設立】　2005年8月9日

【公式HP】　https://www.customjapan.jp/
（右の二次元コードからも見られます）

劇的再建　「非合理」な決断が会社を救う　目次

劇的再建

「非合理」な決断が会社を救う

第1章
「当たり前」が宝になる

ミツフジ株式会社　三寺歩社長

今、日本を代表するベンチャー型事業承継のモデルとして最初に名前が挙がる一人が、世界のウェアラブルIoT（Internet of Things／様々なものがインターネット経由で繋がること）市場を牽引するトッププランナー企業、ミツフジ株式会社の代表取締役社長である三寺歩《みてらあゆむ》さんではないでしょうか。自らの風貌を「新橋によくいる平凡なサラリーマン風」と自虐的に称する三寺さんですが、「本当に世界のスタンダードを変える人かもしれない」と感じずにはいられない、圧倒的にクレイジーな、ぶっ飛んだ経営者です。ミツフジは海外からも「digitally transformed kimono company」（デジタル技術を活用して業態を変革した伝統衣装の会社）として非常に高い評価を得ています。

2018年2月、三寺さんは、会社を救った「世界最強の糸」と共に「Forbes JAPAN」の表紙を飾りました。また、規模の大きさではなく、可能性を秘めた強い会社を表彰する「SMALL GIANTS AWARD」で大賞を獲得してもいます。

２０１９年の夏にはＪＲの車内や東京駅の電子広告など、いたるところで「ミツフジ×ＩＢＭ」のＰＲムービーが流れました。動画の導入部は、西陣織の帯を身につけた女性の後ろ姿。そこから一転して、建設現場のシーンへ。西陣織の工場として創業したミツフジが特殊な繊維を活用して開発したウェアラブルデバイスを使って心拍などの生体情報を取得、それをＩＢＭが位置情報や気温などの環境情報と組み合わせることで、過酷な現場で働く人たちの安全を守るというストーリーが描かれていました。人材不足や熱中症など建設業界が抱える深刻な課題をウェアラブルＩｏＴで解決するという社会性の高い内容は各方面から注目を集めました。

独自開発のウェアラブルデバイスで精緻に取得した生体情報を解析するプラットフォームの用途は想定以上に多く、熱中症対策はもちろん、てんかんの予知、睡眠や妊活のサポート、子どもの見守りなど、さまざまな業界の企業と共同でサービス開発が始まっています。

わたしが最初に三寺さんの存在を知ったのは２０１６年のことです。伝統的な西陣織の工場から最先端のウェアラブルデバイス市場に参入したユニークなベンチャー企業があると聞いて、三寺さんの Facebook をのぞきました。その時見つけた投稿は、創業60周年の記念行事の様子を伝えるものでした。

「おかげさまで家業のミツフジが創業60周年を迎えました」

当時すでに技術開発型ベンチャーとして知られていた企業の経営者が「家業」という言葉をわざわざ使っているのがとても印象的でした。スタートアップの起業家がひしめくベンチャー業界で、三寺さんは異色の存在だったと思います。

実際にお会いできたのはその1年後、２０１７年。三寺さんが家業の社長に就任してから3年。壮絶な事業再建の暗闇からようやく抜け出そうとしていた時期でした。

六本木の大手外資企業から廃業寸前の家業へ

三寺さんが家業である三ツ冨士繊維工業（当時の名称）に戻った時、会社は廃業寸前という状況でした。

創業は１９５６年。祖父・三寺冨士二さんが京都の城陽市で西陣織の帯を製造する工場を始めました。その後、帯だけでなく寝具や服飾品のレースなどの製造も手がけるようになりましたが、和装産業はもちろん繊維産業そのものの斜陽化が急激に進みます。地場産業の斜陽化は、地域の高齢化と衰退を加速させていきました。

その危機感から、父親で2代目の康廣さんは、銀メッキ繊維に注目。単身アメリカに渡って独自のノウハウを持つ銀メッキ繊維の製造企業と独占契約を果たします。

銀メッキ繊維は、導電、抗菌、防臭など、機能を持たせやすい繊維として知られています。一時は抗菌防臭靴下などヒット製品にも恵まれましたが、ＯＥＭ（Original Equipment Manufacturing／相手先のブランド名での受託製造）でのものづくりは、顧客である大手メーカーに振り回され、スケジュールも生産も自分たちでハンドリングすることができません。抗菌靴下や電磁波を防止するエプロンなどのヒット製品が生まれても、ブームが終われば契約はすぐに終了。先行きの見えないしんどい状況は変わりませんでした。

追い打ちをかけるように、主要顧客だった大手取引先が粉飾決算により倒産。会社はどんどん追い込まれていきました。

そんな状況にもかかわらず、「銀メッキ繊維は世界の市場を取れる」と大きなことばかり口にしている父親。家業にも父親にも嫌気がさしていた三寺さんは、実家を離れて自らの道を進みます。

三寺さんの世代は、学生時代は「人生に夢も未来も感じにくかった」という就職氷河期。だからなのか、もしくはもともと経営者気質だからなのか、立命館大学在学中の1999年には海外在住者向けに日本の書籍を販売する「ねっとほんや」を立ち上げたりもしていました（オープンは2000年）。今のようにネット書店がサービスを開始するはるか前の話です。

そんな学生時代のユニークな経験が奏功したのか、厳しい就職戦線の中で難関を突破し、大学卒業後は松下電器産業（現パナソニック）に入社。その後、シスコシステムズを経て、SAPジャパンに営業職で転職し、一般の日本企業と比べても格段に高い給料を手にするようになりました。成果報酬のスタイルは三寺さんの性に合っていたようです。オフィスは六本木。都心で働くビジネスパーソンとして充実した毎日を送っていた三寺さんのもとに、ある日、1本の電話が入りました。京都の父親からでした。

「2000万円貸してくれないか。このまま放っておいて会社が潰れたら、おまえのせいや」

この電話が、三寺さんの人生を一変させました。

「僕の事業承継は、1000万円の資本金と2830万円の父親の借金の連帯保証をするところから始まりました」

この章では、三寺さんの経験を紹介したいと思います。

CASE 1 ミツフジ株式会社　代表取締役社長　三寺歩

掘っ立て小屋の社屋から世界のマーケットへ
西陣織の技術と世界最強の糸で「ウェアラブルデバイス」に挑む

「会社が潰れたら、おまえのせいや」

「僕の時代は就職氷河期だったので、中堅の私立大学から松下電器産業に入るのは大変だったんです。ＡＫＢのオーディション並みのすごい倍率を潜り抜けて一流企業の社会人としてキャリアを積んできたのに、ある日突然、父から電話がかかり『会社が潰れたら、おまえのせいや』って言われたんです。家業に関わらなくていいように、せっかく自分の足で歩いていたのに」

父からの電話を受けたあと、部屋で一人、ソファに座って考えていたら眠れなくなった。子どもの頃、父親が運転する軽トラに乗って納品を手伝ったこと。小学校低学年の時には持ち上げられなかった荷物が高学年になったら運べるようになって少し誇らしかったこと。祖父が工場のストーブでやかんのお湯を沸かして番茶を入れてくれたこと。いろんな場面が、走馬灯のように脳裏に浮かんだ。

そして、ふと思い出した。

数年前、祖父が亡くなる直前のことだ。病室に詰め掛けていた家族や親族に向かって、祖父が「歩以外はちょっと外に出とってくれ」と言った。当時、三寺さんは、東京で働くサラリーマン。家業を継ぐ気などなかったし、「なんでやろ」と思った。そもそも2代目を継いだ父親は7人兄弟の末っ子だったので、長男だからという理由で後継者が回ってくるという意識もなかった。

ところが、二人っきりになった病室で、祖父が、突然こう言った。

「これから新しい時代がやってくる。その日に向けて準備をしてくれ」

父からの電話をきっかけに、あの言葉が急に重みをもって迫ってきた。

——気がつけば、朝になっていた。じいさんがつくった会社のおかげで自分は大きくなった。育ててもらった分くらいは返そう。継ぐわけじゃない。再建したらまたサラリーマンに戻ればいい。

三寺さんはそう考えて、実家に戻ることを決めた。2014年秋のことだった。

「アトツギなら誰でもある感覚かもしれませんが、家業の窮地を救うヒーローになったつもりで意気揚々と地元に戻ったんです。でもそんなに甘いものではなかった」

工場も土地もすでに人手に渡っていた。仕事場だと連れて行かれたのは近所の駐車場の一角にある掘っ立て小屋。「ほんまもんの掘っ立て小屋です」。トイレは外にあり、カギが壊れていてドアが閉まらない。寒い冬、鍵の閉まらないトイレで用を足していたら涙が止まらなくなった。悔しい。

「なんでここまで堕ちたんや」

そして、こうも思った。

「どこまで堕ちるんかな」

家業の状況は、戻る前に想定していた以上にひどいものだったのだ。

大手メーカーとの取引実績というプライドと惰性で続けていたOEM事業での利益はまったく出ていない。掘っ立て小屋の事務所には、「父親が何億円も溶かしてつくった」世界最強の糸（銀メッキ繊維）が無造作に転がっていた。斜陽化が進む西陣織の町で、2代目アトツギとして家業を立て直そうと、一縷の望みをかけて必死で開発した糸だったが、ビジネスに展開できないまま力尽きてしまっていた。

お金がないことも、事業がうまくいかないことも、大変ではあるが、悔しくはない。事実を受け止めて、頑張るしかない。でも「なんでこんなとこまで堕ちたんや」という悔しさは耐え難いものがあった。しかも、父親も会社の従業員たちも、もうすでに諦めている。みんな、二言目には「もうアカン」「もうダメ」という。「お金ないねん、貸して」と頼んでくる人たちが会社の未来を諦めているという状況が悔しくて腹立たしかった。それなのに、なぜ自分に継がそうとするのか。

「諦めてるんなら、会社潰せよ」

何度そう思ったかしれない。ここまで追い込まれて、なぜ頑張ろうとしないのか。

悔しさと怒りを抱えつつ、思い出したのが外資系企業でマーケティングのために全国を回った時のことだった。当時、営業職だった三寺さんは、年に4回、北海道から沖縄までの主要都市をすべて繰り返し訪ねた。地方経済がどれほど大変な状況にあるかということをその日々の中で思い知らされた。東京の港区で高給をもらって比較的ぜいたくな暮らしをしている自分自身と地方の人たちのギャップ。それを合理的に説明する理由は見つからなかった。彼らは、決して遊び呆けているわけではない。地域の重要な経済を支え、努力をしているにもかかわらず、どんどん希望が奪われていく。若者はそんな地元に愛想をつかして離れていき、少子高齢化が進む。地方はますます疲弊していくばかり。

「そんな社会、おかしいだろう」と、ずっと思っていた。

そして今、地元に戻った自分の目の前に、潰れかかった会社がある。希望を失って未来を諦めている人たちがいる。

「そういうことか――」

ここまでボロボロになった会社を助けてくれる人は、どこにもいない。息子である自分が引き受けるしかない。みんなが見捨てている地方の、潰れかかった会社がのろしを上げて戦うことで、地方の人たちの抱える閉塞感に風穴を開けられるかもしれない。三寺さんは家業を継ぐという道を選ぶことに決めた。

「そこから地獄の日々が始まりました」

「やり直し」の第一歩は

ベンチャー型事業承継というのは端的に言えば、家業の「やり直し」。つまり、自分が継ぐ会社は、現在はうまくいっていない状況にあるということだ。多くの場合、その理由は親の事業スタイルにある。華々しかった時代を忘れられない親世代が、以前のままのモデルで事業を続けていることが少なくない。

「ベンチャー型事業承継のしんどさは、お金のこともあるけど、親のことも大きい」

父親が「いいかっこしい」なんです、と三寺さんは苦笑する。かっこいいことばっかり言う。そんな父親に、これまでもずいぶん腹を立ててきた。

たとえば、わずかな資金しかないにもかかわらず、見栄を張って仕入れ先への支払いを先払いする。金が足りないと文句を言うと「お前の通帳から300万入れといてくれ」と平気で返してくる。外にはいい顔をして、家族や親族のお金に手を付けていくという最悪のパターンに陥っていた。

こういう時に、親に「かっこつけないでくれ」といくら頼んでも聞く耳を持たない。過去の栄光の記憶が染みついている。それを切り替えていくという作業が本当にキツかった。お金に対する考え方が親と違うことが相当「しんどかった」と振り返る。

「アトツギと先代って、会社の数だけ関係の形が違うと思います」

ベンチャー型事業承継は、親を否定するところから始めないといけない。

「お父さんが今でもこんな商売してるからこんな状況になってるねんで」とキッパリ言えるかどうかが、とても大切な第一歩だ。

だが、そんなことを子どもが親に向かって言えば、当然揉める。それは、諦めるしかない。

ただ、この時に知っておくべきなのは、社長である親にとって、会社は人生の大きなピースだということだ。だから、「全」否定してしまうと、親の人格から人生まですべてを否定することになる。それはやってはいけない。

三寺さんがそのことに気づいたのは、いつまでもガチャガチャ揉めごとが続いた時だ。「金もないのにかっこつけている場合じゃないだろう」と、こちらとしてはまっとうなことを言っているつもりなのに、反発するばかりで聞いてくれない。なぜだろうと冷静に考えてみた時、「会社じゃなくて親の人生を否定してしまっていた」ことに気づいた。それは、子どもであっても越えてはいけない一線だった。親も人間。自分も人間。いくら親子でも、いや親子だからこそ踏み込んではいけない領域がある。

「子どもだからという甘えがあった。他人だったら絶対に土足で入らない領域に、ずかずかと入ってしまっていた」

だから揉めた。当然だ。

「親の人生を否定するんじゃなくて、仕事の話をすればよかったんです」

「自分で考えろ！」

子どもの頃は毎晩のように、父親と2時間くらい話をした。小学生相手に、有名であることに何も意味はない、大企業や政治家が正しいと思うな、などと熱く語るひとだった。また、何かにつけ「お前はどう思うねん」と問われ続けた。高校受験の時には、町一番の進学校には行くなと言われた。「進学校は、いい大学に行く方法しか教えてくれへん。いい大学に行くことしか興味のないやつしか通ってない」というむちゃくちゃな理屈だった。

「僕も変な子どもだったと思います」

小学生なのに、経済格差や組合の労災潰し、社会正義とは何かなど、社会への問題意識が強い子どもだった。差別や不平等があるのはなぜなのか、社会的弱者がどうして救われないのか。他の子どもたちが興味を持たないことにばかり夢中になって調べまくっていたが、父親は「個性だ」と尊重してくれた。「どんどんやれ」と。

祖母もまた相当の変わり者だったようだ。満州で暮らしていた頃に、助産婦さんがいないせいで赤ちゃんが亡くなるという事実を目の当たりにして、実家のある舞鶴に帰国して助産婦の資格を取り、また満州に戻ったという話を聞いたことがある。せっかく無事に日本に帰れたんだからそのまま日本にいればいいのに「不思議な先祖です」。

子どもの頃から「自分で考えろ！」と言われて育ってきたことは今も三寺さんのベースになっている。「父がいい気になるから、あんまり認めたくないのですが」と苦笑しながら、今思えば、「自分はどうしたいのか」「自分はどうなりたいのか」を自身で考える訓練をさせられていたことに気づいたという。

窮地を乗り切ったハリボテ経営

「家業を継いで一番きつかったのは、やっぱりお金のことでした。どこまでお金が無くなっていくかわからない」

頭の中をよぎるのは資金繰りのことばかり。とはいえ、経営に携わる人間がお金の心配ばかりしているようでは、誰も事業に魅力を感じられない。それでは、未来など見えない。三寺さんは、お金の心配は自分の中に封印した。

「信用不安になるから、お金がないってことは言えない。だから、あらゆる言い訳をしなきゃいけなかったんです」

今だから明かせるが、と笑いながら教えてくれたのが当時「ハリボテ経営」と呼んでいた苦肉の策だ。比喩ではなく、実際にハリボテをつくった。お客さんに掘っ立て小屋同然の事務所に来てもらうわけにはいかない。じゃあ、どうするか。自動車販売の会社と交渉し、かなり抑えた価格で黒塗りのクラウンをリースで借りて、それを営業車として使った。お客さんに会う時は「外回りの途中で寄らせてもらいます」などと言って、自らクラウンで乗り込み、絶対に事務所には来させない。お客さんは、黒塗りのクラウンを見て、「ミツフジさん、最近景気いいね」。

その後、京都府が運営しているインキュベーションセンターに入居。細長い部屋で賃料は5万円。お客さんにオフィスの情報を送る時は、センターが入っている13階建ての「けいはんなプラザ」の写真を送り、「このビルの4階です」と伝えた。実際にお客さんが訪ねてくる時には「セキュリティの関係で」などと言い訳をして、共用で使える40人くらいが入れる大きな会議室に案内。「絶対に事務所には通さない」というやり方で凌いだ。

お金がないから経費を絞る必要がある。だが、事業を成長させるために、社外にはうまくいっているように見せないといけない。そのアンバランスな感じが本当にきつかったという。

「やっぱり怖かった。家業に戻っていきなり親父に銀行に連れていかれて2830万円の連帯保証人にされたんですからね。ハンコを押す瞬間ってめちゃくちゃ怖いんです。で、父親のほっとした顔を見たら今度は腹が立ってくるんですよ。息子に借金背負わせてって。自分の貯金がみるみる減っていくのも正直めちゃくちゃ怖かったです」

家業に埋もれている「宝」を探す

年末を迎える頃には、年賀状代の2万8500円すらないという状況になった。会社の通帳残高は2万4700円。数千円、足りない。枚数を減らそうか、カラーじゃなくて白黒にして単価を落とせばなんとかなるかなどといろいろ考えていた時、社員がこう聞いてきた。

「社長、今月のボーナスは出ます?」

現状認識の、あまりの落差に愕然とした。

「いや、年賀状も買われへんねんぞ。早く売上げ回収してきてくれ!」と心の中で叫んだ。

まるで、先が見えない真っ暗なトンネルの中にいるようだった。

このままではダメだ。父親をはじめ、会社に関係していた親族を集めて、三寺さんはこう切り出した。

「このままでは会社は終わる。これまでと同じやり方でいいのか、それとも、若い世代に託すのか」

真剣に迫る三寺さんの勢いに、これまでとは違う何かを感じ取ってくれたのか、「一度ダメになった会社なんだから、口は出さない」と言わせることができた。

こうして、ミツフジの未来は三寺さんに託された。大切なのは、事業の選択と集中だ。それを考える際に、ふと思い浮かんだのが「宝」というイメージだった。

毎年、3月下旬の京都は海外からの観光客でにぎわう。この季節に特に多くなるのは、日本の桜を楽しむ「花見」が観光の目的になっているからだ。自分たちからすれば、美しいとは思うが、たかだか桜だ。だが、それを見に、世界中から人が集まる。「桜の花が春になると一斉に花開く」という日本人にとっては当たり前のことが、世界から見たら、わざわざお金と時間を使ってでも経験してみたい「宝」だということだ。

これは、つまり、アトツギにとっての家業と同じなのではないだろうか。

そんな「宝」を、多くの会社がきっと持っているはずだ。特に、長年続いてきた家業には、世界に誇れる、地域に誇れる「宝」が埋まっている。事業承継というのは、まずこの「宝」を探すところから始めるべきだ。宝は絶対にある。それがあるからこそ、これまで生き残ってきたのだから。

「ミツフジにとっての『宝』はなんだろう？」

家業に戻って1年、三寺さんは、それを発見していた。ミツフジの宝は、世界最強の糸（銀メッキ繊維）だ。様々な可能性を検討し、銀メッキ繊維の事業化を進めることに決めた。

父親がこれまでに投入してきた莫大な資金を回収したいと思ったからではない。この時、三寺さんには勝算があった。当時、わずかな売上しか生んでいなかった銀メッキ繊維事業だったが、時折入る問い合わせはソニーやパナソニックなどの大企業からのものだった。営業マン時代の経験から、顧客の声に答えがあるのではないかとピンとくるものがあった。

父が開発した「銀メッキ繊維」とはどれほどのものなのか。もっと詳しく知りたくて、某大企業の研究所を訪れたところ、想像していた以上にその評価が高いことがわかった。と同時に、電気を通す導電性繊維を使ったウェアラブル製品の開発が進んでいることを知った。

当時、ウェアラブル製品に使われていた繊維は、伸びるとデータがうまく計測できないため、体を締め付ける、つまり着心地の悪いタイプのものしかなかった。ミツフジの銀メッキ繊維は導電性が高く、しかも、伸びる特性がある。この繊維を体の特定の部位に密着させて心拍などの生体情報を計測する電極部分に利用すると「伸びるセンサー」になるはずだ。この糸の開発に集中し、ウェアラブル製品開発のプラットフォームをつくろう。ミツフジが生き残るためには、この道しかないと思い定めた。

「この糸ならやれる」

商品や技術そのものが「宝」ではない

ミツフジがウェアラブルの事業に完全に舵を切ったのは2016年。この時、三寺さんはこう考えた。

「日本の中小ものづくりが陥る失敗のパターンにはまってはいけない」

ものづくりにはコストがかかるので、中小企業は資金不足から、どうしてもマーケティングは二の次になりがちだ。実際、父親がそうだった。銀メッキ繊維という優位性も独自性も高い製品を開発したにもかかわらず、いざ市場に出してみたら全く売れなかった。

そこで三寺さんが考えたのは、他社との共同開発だった。ウェアラブル市場に参入したい企業を見つけて、共同で製品を開発する。そのマーケティングにかかるコストは、場合によっては相手企業に負担してもらう。ミツフジは、世界最強の糸と織りの技術を提供するだけでなく、開発されたデバイスで生体情報を取得し、それを解析する仕組みそのものを売る会社への転換を目指すことに決めた。前職のＩＴ企業で製品にニーズがあるかどうかというマーケティング調査を徹底的にやった経験とそれまでのミツフジの失敗の歴史からの学びだった。

現在、国内外の多くの企業との共同プロジェクトをミツフジは展開している。衰退の一途を辿っていた西陣織の技術は、三寺さんによって、ＩｏＴを活用する「スマート衣料」に形を変えた。

ミツフジは「西陣織という帯づくりの技術から生まれた世界最強の糸（銀メッキ繊維）を使ってウェアラブル市場に参入した」と紹介されることが多い。西陣織の帯づくりで極めた銀糸。工場に残った古い織機を使って銀メッキ繊維を使った製品をなんとか生み出そうと試行錯誤を繰り返した。西陣織の斜陽化が進むのと比例して、織機を製造していたメーカーはどんどん撤退していった。織機が壊れてもメンテナンスする会社も技術者もいない。それでも古ぼけた織機を自分たちでメンテナンスしながら製品開発を続けてきたことが、他社にはミステリアスな領域ともいえる「織り」のノウハウの蓄積にいつのまにか繋がっていたのだ。

「世界最強の糸」を入手できさえすればウェアラブル製品が開発できるわけではない。その糸を価値に変えられるのは、古い織機と職人がアナログの領域で試行錯誤しながら培ってきた「織りの技術」だった。今のミツフジは、きちんと認可を受けた医療機器メーカーだ。銀メッキの靴下を作業着のおっちゃんたちが工場でガチャガチャつくっていた会社が、医療機器メーカーとして製品をつくって売っている。

ミツフジの現在の企業理念は、「生体情報で、人間の未知を編みとく」だ。西陣織から始まり、銀メッキ繊維という「糸」で勝負をかけてきたが、今のミツフジは帯屋さんでも糸屋さんでもない。これぞまさに、ベンチャー型事業承継の特長そのものだ。

「家業に埋もれる宝を考える時に、よくある誤解が『商品』や『技術』そのものを宝だと思ってしまうことです。それでは、新たな価値への転換ができない。いったん抽象化することが必要です」

ミツフジの場合は、自社で開発してきた「糸」が生体情報を取得できるという、もう一つ上のレイヤーを発見した。現在、事業展開している「hamon（ハモン）」という製品はそこから生まれたもので、ワンストップでウェアラブル製品を実現できるプラットフォームにもなっている。糸からクラウドまで一気通貫でできる、世界で唯一の取り組みだ。

「できない」という人があなたの人生を生きるわけではない

アトツギでうまくいかず悩んでいる人にはパターンがあると三寺さんは言う。

そのひとつが、無料でできる努力をしない人だ。会社が潰れかけているのだから、お金をかけずにできることがあるなら、四の五の言わず、すべてやってみるべきだ。にもかかわらず、悩んでいるだけのアトツギの目は〝タダでできること〟には向かない。

たとえば、勉強。自分の時間さえ使えばタダでできる。図書館を利用すれば、必要な本もタダで読める。行政や様々な支援団体を調べれば、無料で使える施策が見つかるかもしれない。それなのに、そういう努力を億劫がったり面倒だと感じたり、あるいは無駄だと決めつけたりするアトツギが思いのほか多い。

思考回路を自分から狭くしてしまっているというケースもある。「できない」「できるわけがない」と決めつけてしまっている。「なぜできないのか」と尋ねると「親ができないと言っているから」という具合だ。

「そういう人がベンチャー型事業承継をするのは難しいと思います」

大切なのは、思考回路の枠を外すことだ。「できない」なんて誰にも言わせない、という心意気を持つべきだ。

「たとえば『世界一の鯛焼きメーカーになる』って宣言した鯛焼き屋さんのことを、誰が否定できますか？」

誰も「そんなことはできない」なんて決めつけることはできないはずだ。「嘘でしょ」と思う人がいたとしても、その人があなたの人生を生きるわけではない。自分自身がやりたいことを、やってみればいい。

事業承継は、「何でもあり」だ。外から見て正解に見えようが、間違いに見えようが、気にしても仕方がない。せっかく自分の意志でやると決めたのに、周りの人たちの「どうせ無理」

という価値観を気にして立ち止まってしまったら、それは、自分の人生じゃない。

「自分がこうしたいと思ったら、そう生きたらいいと思うんです」

ミツフジに戻るまで、三寺さんはパナソニックでもシスコシステムズでもSAPジャパンでも、世界シェア1位の製品しか売ったことがなかった。だからミツフジが「京都府の企業ランキングで何千番目です」と言われた時に、どうせ事業を継続するなら、世界で一番を目指したいと思った。親からは「おまえ頭は大丈夫か?」と言われたが、「でも思うのは勝手じゃないですか」と開き直った。「なりたい自分になればいい」と思い続けたのだ。

ベンチャー型事業承継というのは、自分らしく親の会社を続けていくということだ。

「会社は生き物、誰かが助けてくれる」

ウェアラブル製品に事業の舵を切ってすぐに、福島に敷地面積2・4ha、延床面積約4630平方メートルの工場を新たにつくるという計画を三寺さんは打ち出している。東京ドームの2分の1の広さに相当する。

当時は借金だらけで、資産と呼べるものは何もなかった。創業地にあった工場も祖父が亡くなった2008年に失っていた。その時点でのウェアラブル製品の売上はわずか2000万円程度。それでも、勝負をかけると決めた。総工費は予算10数億円。誰もが「頭がおかしいのか」と言った。

この時、三寺さんは「何を言われようと、まったく気にしなかった」。なぜなら、ミツフジにとっての「宝」である世界最強の銀メッキの糸を大きく飛躍させるために、工場の新設は〝当然〟必要なことだったからだ。売上2000万円の時に、10数億円かけて工場をつくるという「絵を描く」ことが大切なのだ。アトツギとしてベンチャー型事業承継を志すなら、〝ぶっ飛んだ〟事業計画を、少なくとも自分の心の中には持ち続けるべきだ。

東京で開催される最大規模の展示会「ウェアラブルEXPO」への出展を決めたのも、その計画を実現するための重要な「一歩」だと考えたからだ。借金まみれの、地方の中小企業が逆転を狙うには、9回裏、一か八かで振り抜くしかない。

「この時、実は、当日になっても出店に必要なお金が用意できなかったんです」

払うお金もないのに見切り発車で出展したというわけだ。「ウェアラブルEXPOで反応が無かったらそこで終わり、会社も清算する」という覚悟を決めていたという。まさに背水の陣。そんな状況の中、心拍が計測できるデバイスが搭載されたシャツ「hamon」を発表した。

そして、これが当たった。

「hamon」は、大学の研究者をはじめ、スポーツ、ライフサイエンス、モビリティ、建設業界など、想定もしていなかったさまざまな分野の企業の開発担当者の間で大きな反響を呼び、一気に形勢が逆転した。

さらに、新卒で就職したパナソニックで、たまたまトランスミッターなどを開発する部署にいた経験も助けてくれた。トランスミッターやセンサーを開発するエンジニアとのつながりがあったことは大きな力となった。また、出資を申し出てくれるパナソニック時代の同僚や先輩が現れた。折しも新興国のメーカーの台頭で、世界市場で日本の製造業はどんどん存在感を失い、ものづくりに関わる人々の誇りが打ち砕かれるニュースが飛び交っていたタイミングだった。

「日本のものづくりは、まだまだこんなものじゃない」

たくさんの人たちが京都の小さな町の小さな会社ミツフジの挑戦に自分たちの夢を重ねて助けてくれた。

そのたびに思い出すのが、父親の言葉だ。

「歩さん、この会社な、60年続いてるねん。60年生きとる。60年生きてたら誰かが助けてくれる」

人間と一緒で、60年という時間は決して一人では生きられない。誰かが支えてきてくれたからここまでやってこられた。

「だから、楽しみに見ておけ」

自分がつくった借金を息子に背負わせているくせに、父親はまるで他人事のように楽観的だった。だが、その後、何度も繰り返し、三寺さんもそれを感じることになった。

「会社って生きてるんです。生き物なんですよ」

生きている限り、誰かが関わり、誰かが助けてくれる。

ぶっ飛んだ未来の「もっと先」を見る

「ウェアラブルの技術開発をします。プラットフォームをつくります」と、目指す未来を言葉にして発信すると、「一緒に実証実験をしよう」「ウェアラブルビジネス、一緒にやりたい」と手を挙げる企業が現れ始めた。2017年から2018年にかけての2年間。この時期がミツフジの第2ステージとなった。

様々な事業会社が出資を申し出てくれた。その資金などをもとに、ついに思い描いていた大きさの工場の建設に着手、2018年9月に竣工した。これで量産が可能になった。開発した技術、商品を市場に広げていくべき局面に入っていった。

この時、三寺さんは「ウェアラブルのプラットフォームをグローバル展開する。IBMさんとパートナーを組む」と宣言している。売上が2000万円しかないのに巨大な工場をつくる計画をぶち上げて「頭がおかしいのか」と言われた数年前とは違い、周囲も「なるほど、そういう計画なんだ」とあっさり受け入れるようになっていた。

2019年、IBMがミツフジのクラウドシステムと一緒に事業展開をしていくという発表をした。三寺さんが家業を継いだのが2014年。それから5年、京都の小さな会社ミツフジは、IBMとイコール（対等な）パートナーとなった。

ぶっ飛んだ結果は、ぶっ飛んだ未来を言語化しないと永遠に実現しない。さらに、そのぶっ飛んだ夢に正面から向き合ってくれる人たちとの出会いが必要だ。三寺さんは多くの支援者に恵まれた。そして、いつも、「もっと先」を見ている。

現在、ミツフジは国内外の多くの企業との共同プロジェクトを展開している。衰退の一途を辿っていた西陣織という家業から「宝」を見つけたミツフジは、今、IoTを活用する「スマート衣料」という新たなマーケットを拡大し続けている。

「どんな会社にも世界で唯一のものがある」と、三寺さんは力説する。もしかするとホコリをかぶっているかもしれない。片隅に放り込まれて忘れ去られているかもしれない。けれども、これまで続けてきた家業の中を探せば、世界で唯一の何かが絶対に見つかるはずだ。

「人間だって、わたしもあなたも世界に一人ですよね。会社にも、オリジナルだといえるものは絶対にある」

会社の未来の姿を言葉にしないと何も始まらない

社会は、今後も変わり続ける。それは、すべての人が向き合わなければならない現実だ。20数年前にＩＴが誕生したことで、各産業のインフラになるものができた。アナログデバイスとＩＴが繋がることによって、すべてのデータが管理できるようになり、分析されることで新しい産業が生まれていく。ＩｏＴはこれまであった産業の壁を次々と破壊していった。

ＩＢＭがアパレル商品の販売を始めるようになったのも、産業の壁がなくなった結果だ。今の時代のアトツギがこれから事業を始める領域にはＩＴもＩｏＴも両方が入ってくる。「うちは○○屋です」ということだけでは通用しない時代に、すでになっている。そうなると、事業の大前提さえも変えざるを得ない。変えられるかどうかは、ひとえに経営者の意志にかかっている。

「たぶん、いつかミツフジも大手に飲み込まれる時が来る」

三寺さんは非常に冷静に、そう考えているのだ。だから、負ける前提で会社を設計しているのだという。「うちには世界で唯一の価値がある」と言ったところで、大手がその気になれば、一瞬で小さな会社は飲み込まれてしまうだろう。

社会の変化も、事業や商品のコモディティ化のスピードも速い今、「ベンチャー型事業承継」からさらに一歩進んで「ベンチャー型事業承継のベンチャー化」くらい、何重にも新たな価値を重ねていかないと生き延びることが難しい。

そのような厳しい状況の中で、会社の未来を描き、語り、周囲を巻き込んでいくためにはタフな〝ぶっ飛んだ〟精神が必要だ。

家業の未来を語ろうとしないアトツギは多い。「こうなりたい」と言わないし、そもそも考えてもいないのかもしれない。だけど、それではダメだ。会社の未来の姿をトップが語らないことには、何も始まらない。何も変わらない。

「僕の場合は、悩んでいるレベルが、〝生きるか死ぬか〟だった」という三寺さん。だが、実際には、従来の事業はそれなりに利益を出していて、その上で、「新しい分野に踏み出すか、踏み出さないか」という状況であることが多い。となれば、答えは一つだ。

「やりたいなら、思いっきりやったらいい」

今、何かやりたいことがあるのに親が立ちはだかってできない、今の事業規模では無理だと悩んでいる人、諦めている人がいるかもしれない。だが、親の反対も事業規模も絶対的障壁ではない。それは、マイナス方面への勝手な思い込みだ。

どうせならその思い込みをプラスに転じて、誰もが根拠のない自信を持てればいいと思う。

「世界を変えられると言っているアトツギの人の話を聞いたので、僕も変えようと思います」くらいの、わけのわからない根拠で突き進めばいい。

海外の人は堂々と「英語、フランス語、日本語ができます」と言ったりするが、実際にはほとんど話せない場合も多い。でも、彼らは、挨拶ができる程度であっても「喋れる」と自信満々で言いきる。これが日本人にはなかなかできない。謙虚さが日本人の美徳だという考え方ももちろんあるが、グローバル化した世界における国際競争で闘っていかなくてはならないことを考えると、「できる」と言いきる、思い込むことはますます重要になるだろう。

根拠のない自信を持とう。

「この会社で、この事業で、世界を変える」

堂々と発信すれば、きっと実現していくはずだ。

誰かがきっと見てくれている

ベンチャー型事業承継を進めていくと、当然親や親族が介入してくるだろう。親族だから、家族だから味方だと思ったら大間違い。誰も理解してくれない。応援もしてくれない。ひどい場合には、怒鳴られ、非難され、時には憎まれることもある。

「アトツギは一人ぼっちだ」

だけど、と三寺さんは言う。

「僕が伝えたいのは、一人ぼっちになっても大丈夫だってことです」

三寺さんがベンチャー型事業承継のオンラインサロンで講師《メンター》を引き受けたのは、家業のやり直しをせざるを得ないアトツギが「一人ぼっち」だということを知っているためだ。たとえ一人ぼっちでも、「誰かが聞いてくれる」「誰かが見てくれている」と信じられれば、また頑張っていける。

そんなふうに思うのは、小学生時代の経験があるからだ。その頃、妹が学校でひどいいじめを受けていた。通学路の壁に妹の悪口が書いてあるのを見つけるたびに、親と一緒に消しに行った。妹にとって、学校は辛いだけの場所だっただろう。

だけど、帰り道にたこ焼き屋のおっちゃんが、いつも、1個か2個のたこ焼きを妹に食べさせてくれた。

「それだけで、あのしんどい日々を妹は生きられたんだと思う。誰かが見てくれていて、誰かが助けてくれるという心の支えがあったので、妹は頑張れたんじゃないかと思うんです」

家業をやり直す中で、親や親族を敵に回さないといけない時がある。やり直す過程ではこれまでに先代たちが築いたものを捨てたり壊したりすることもある。これからその道に向かう人はそれに伴う感情的な辛さを覚悟しなくてはいけない。今、一人ぼっちで奮闘しているアトツギがいるなら、1個か2個のたこ焼きをあげたい。三寺さんは、そう思っている。彼らのために資金調達をしたりビジネスを肩代わりしたりはできない。だけど、自分たちが借金まみれの中でどんなことを考えてどう動いたのか、それに対してどんな反応があったのかという具体的なこれまでの道筋をシェアすることはできる。家業の中に見つけた「宝」をどう抽象化して、新たな価値のある事業へと転換させていったのかという体験やその時々の思いや葛藤なら伝えられる。たこ焼き屋のおっちゃんが商売のついでに厚意で差し出してくれたたこ焼きくらいの何かは渡せるんじゃないかと思っている。

出会うべきタイミングで、出会うべき人に出会える

いったん覚悟を決めたら、いいこともたくさんある。びっくりするくらい助けてくれる人が現れる。それは三寺さんの実体験だ。

「出会うべきタイミングで、出会うべき人に出会えます」

家業に戻り、八方塞がりの日々の中で奮闘していた最初の年に、創業家である三寺家の人間以外の社員が初めて入社した。法務を担当していた小野昌孝さんだ。小野さんは、三寺さんと一緒に大学時代に「ねっとほんや」を立ち上げた友人で、卒業後は外資系メーカーに就職。12年ぶりに東京で再会した際にミツフジの再建と未来のありようを語る三寺さんの話を聞いて、入社することを決めたという。

外資系メーカーを辞め、「ミツフジの本社」だと言われて連れて行かれたのは掘っ立て小屋。年賀状代の数万円すら払えないような状況でも、小野さんは辞めようとは思わなかった。その理由を「三寺歩という人間は約束を守る人間だということを知っていたから」だと語る。どんなにしんどい時も、ミツフジという会社には希望があった。

「三寺歩という人間がこの会社の希望だったと思う」

いいことも悪いことも、すべて「次」への階段だ

会社を継いで9年、今、三寺さんが実感しているのは「いいことも悪いことも、すべてが次への階段を上っている」ということだ。悪いことが起こった時、人は、「落ちてしまった」という感じを受ける。階段を滑り落ちてしまったというようなイメージだ。だけど、そうじゃない。

「今年の売上が、めちゃくちゃ下がってやばい！」「金がない！」そんな辛い時も、実は階段を上がっているのだ。なぜなら、本気で懸命に取り組むことで、必ず強くなれるから。その分、成長しているから。

もしも、万が一、親から継いだ会社を潰してしまう結果になったとしても、それでもちゃんと階段を上っている。潰れたことを責める親はいない。きっとどの親もこう言うはずだ。

「あなたが成長したんだから、それでいいよ」

失敗を受けいれられる社会にしよう、という提言があるが、それよりも「全部が成長だ」と思える社会にしたい。勝負して「勝つ」ことはもちろん素晴らしいことだが、勝てなかったとしても勝負を挑んだこと、既成概念に抗ったことに大きな価値がある。

誰もが、そうすべきだとは思わない。挑戦したくない人がいてもいい。だけど、チャンスがあるのなら、少しでもやってみたい気持ちがあるのなら、「絶対にやってみた方がいい」と、今、三寺さんは思っている。

「まったく知らない世界に、まったく知らない人たちが連れて行ってくれます」

＊

三寺さんとの出会いは、2017年。わたしが本格的にアトツギ支援を始めるきっかけをくれた方です。

三寺さんはロールモデルというには、あまりにぶっ飛んでいてクレイジーな存在です。100年に一度現れるかどうかわからない稀代の経営者と言っても過言ではないでしょう。

ミツフジほどドラマチックな業態転換《トランスフォーメーション》を果たす会社はそう多くはありません。そのまま真似をできるものではないにしても、三寺さんが下した人生の決断に、「アトツギはなぜ家業を継ぐのか。アトツギはなぜ諦めないのか」という答えがあるような気がしてならないのです。それを探ることで、合理的に考えたら割が合わないのに家業を継いで新しい価値を生み出そうと奮闘しているアトツギたちの根っこにある「何か」を解明することができるのではないかとも思っています。

「未来に夢と希望を感じられない地方のアトツギの意識が変われば日本経済に地殻変動が起きる」

これは、一般社団法人ベンチャー型事業承継を立ち上げることを報告した時の三寺さんの言葉です。三寺さんをはじめ、たくさんのアトツギベンチャー経営者がメンターとなり、自身の体験を、これからの若い世代とシェアしてくださっているのは、誰一人、家業の窮地を自分一人の力で乗り切ったとは思っていないからです。困っている時、悩んでいる時に「誰かが手を差し伸べてくれた」ことに感謝しているからです。かつて誰かから受けた恩を、今孤軍奮闘している後進に送ろうとしている。先人から受けた恩を次の世代に返していく。まさに「恩送り」が行われています。

企業概要

【会社名】 ミツフジ株式会社

【業種】 製造業

【事業内容】 銀めっき導電性繊維 AGposs®、
ウェアラブル IoT ソリューションhamon®、
hamon AG製品、hamon band®、MITSUFUJI 03、
MITSUFUJI 01の開発・製造・販売
医療機器の製造・販売

【所在地】 ◆京都本社
〒619-0237
京都府相楽郡精華町光台1丁目7
けいはんなプラザ ラボ棟13階

◆東京オフィス
〒100-0004
東京都千代田区大手町1-2-1
Otemachi Oneタワー6階

◆福島工場（川俣西部工業団地内）
〒960-1406
福島県伊達郡川俣町鶴沢雁ヶ作91

【代表者】 代表取締役社長　三寺歩

【資本金】 2億400万円（2023年9月現在）

【売上高】 13.3億円（2023年12月期）

【従業員数】 29名（2023年10月現在）

【創業】 1956年5月

【設立】 1979年3月

【公式HP】 https://www.mitsufuji.co.jp/

第2章

「東京じゃないとできないことって何かありますか?」

株式会社ナンガ　横田智之社長

わたしは非常勤講師として、大阪府吹田《すいた》市にある関西大学で「アトツギ白熱教室」という名の授業を1コマ持っています。主な受講生は親が商売や事業をしているという学生。大阪のアルミ加工の町工場、厨房設備販売業、愛媛宇和島のブリ養殖、仙台の酒販店、岐阜の電気工事業など、家業の業種や規模はさまざま。関西大学は、マンモス校なので地方出身者も多いのです。

最近になって、事業承継コースを設置する大学が増えています。その多くは、資本政策や税金、M&Aについての知識や手続きなどに関するカリキュラムで構成されています。アトツギ学生だけではなく、税理士や金融、コンサルティング会社に就職を希望する学生も一緒に受講するものが一般的です。

それに対してわたしの授業の受講者はアトツギ予備軍が中心です。とはいえ、継ぐか継がないかがテーマではなく、社会に出る前に、家業が持つ可能性を知ってもらうことを目的として、ケーススタディとディスカッションで構成されています。ユニークな講義ということで、大阪府下にある全40大学の学生も受講できるコンソーシアム授業に認定されています。

この教室は、まさに、後継者不在問題の縮図のような現場です。

地方に多い「自然消滅」シナリオ

10年ほど、かれこれ300人近いアトツギ予備軍の学生と付き合ってきて、わかったことがあります。それは、今起こっている後継者不在問題は起こるべくして起こった必然だということです。

1990年代以降、中小企業を取り巻く環境は本当に厳しいものでした。バブルの崩壊（92年）、米同時多発テロ（01年）、リーマンショック（08年）、東日本大震災（11年）、そしてコロナ禍などによる景気後退に加え、業態の壁が壊れ、デジタルフォーメーションも進みました。だから、今の経営者の多くは「子どもに同じ苦労をさせたくない」「継いでほしい気持ちはあるけど、とても言えない」と、子ども世代に遠慮しています。その結果、家庭で家業の将来を語り合う機会はほとんどありません。やがて、「家業を知らない」子どもたちは都会の大学へ進み、ほかの同級生と同じように就職活動を始めます。そのタイミングで、ちらっと家業のことが頭をよぎるものの、「親は好きにしたらいいって言ってくれているから」と、特段の相談をしないまま、都会での就活を始めるわけです。

人材不足の今の時代、若い世代が就職先に困ることはありません。20代を迎えたばかりの若者からすれば、同級生が当然のように都会のおしゃれなオフィスでの社会人生活を夢見ている中、地元に戻り、しかも親のやっている仕事を継ぐなんてあまりに色あせて見えるのでしょう。ほとんどが、さっさと都会での就職を決めてしまいます。

親のほうも「好きにしたらいい」と言ってきた手前もあって、「せっかく自分で決めて就職したんだから、今さら帰ってこいとも言いづらいな」となります。その結果、家業の商売は自然と手仕舞いに向けて転がり始めます。

子ども世代が次に家業を考えるタイミングは結婚や転職の時です。ところが、そのころには、親の商売はすっかり小さくなっていて、子どもにとって「継ぐ意味のない会社」のように見えてしまう——。

親子が向き合うことなく、何年もかけてじわじわと廃業が決まっていく。これが地方にある小さな会社やお店が廃業に向かうシナリオです。年間3万件といわれる廃業件数のほとんどが事業が立ち行かなくなった倒産ではなく、この「自然消滅」シナリオではないかというのがわたしの実感です。

社長さんたちから「子どもに苦労をさせたくない」「子どもには好きにしたらいいと言っているんだよね」という言葉を頻繁に聞くようになったのは、リーマンショックの1年後くらいからでしょうか。

特に親の会社を継いだという経営者の場合、彼ら自身が家業の行く末に不安を感じているケースが少なくありません。バブルの時代に何の不安もなく家業を継いだものの、バブル崩壊や天災、金融危機など有事が次々と起こる一方で、新しいテクノロジーがどんどん生まれ、業界再編が加速度的に進む。未来図もなかなか読めない。今や、経営者になるというのは相当な覚悟を必要とする決断になってしまいました。この激動の30年をどうにかこうにか生き延びてきた現社長が、子どもには苦労をさせたくないと考えるのはある意味当たり前です。

「じゃあ子どものほうはどう感じているんだろう」

そんな単純な好奇心から、わたしのゼミは始まりました。まず2012年に兵庫県の関西学院大学で「ガチンコ後継者ゼミ」としてスタートし、翌年には大阪府の関西大学でも始まります。後に、「アトツギ白熱教室」と名前を変え、現在も続いています。

ゼミを続けていくと、若者たちの胸中はけっこう複雑だということがわかってきました。親が商売をしていることを友人に話すと、家族だけで営んでいる小さなお店でも、社員が100人以上いる会社でも、周囲から無条件で「ボンボン」「お嬢様」認定されてしまう。零細な商売のアトツギは「ボンボン」と呼ばれることに違和感を抱き、盤石な中堅企業ならば、親の敷いたレールに乗るだけだと言われているようで後ろめたいしかっこわるいと感じてしまう。家業の規模の大小にかかわらず、彼らはアトツギであることにモヤモヤしています。

友人にそのモヤモヤを話したところで「親が会社経営しているんだから就活しなくていいじゃん、うらやましい」などと無神経な言葉を浴びせられるのがオチ。だから家業のことは話題にしたくない。誰にも相談できないから一人で悶々とする。これが多くの学生の胸の内です。

また、昔は、工場の2階が住居だったり、お店が住居に隣接していたりと、家業の存在は家庭と共にあったものですが、最近では、特に都会では「職住分離」が進み、会社と自宅が遠くなっているケースが増えています。そのため、若いアトツギ予備軍たちは家業の実際をほとんど知りません。

加えて、今は親が遠慮している時代です。親から家業を継いでほしいというプレッシャーを与えられている学生はほとんどいません。そういうわけで、家庭で家業について聞くこともなく、この授業も親に黙って受講しているというアトツギ予備軍がほとんどです。彼らは言います。

「『アトツギ白熱教室』なんて名前の授業を受けていると親に知られたら、期待されて困るから！」

そりゃそうですよね、彼らの気持ちもよくわかります。

経営者としての覚悟はどのように生まれたのか

この授業で先生になってくれるのは、全員アトツギ社長です。家業を継ぐかどうかモヤモヤしている学生たちが同じ境遇にあった先輩と一緒に家業と向き合うというコンセプトは注目を集め、これまでにたくさんのメディアが取り上げてくれました。中小企業の後継者不在は大きな関心事ではありますが、これまでメディアが焦点を当ててきたのは「継がせる」立場の親世代ばかり。「継ぐかもしれない」若い彼らが、家業を継ぐ人生についてどう感じているのかという視点は新鮮だったようです。

この講義の初回で、彼らにこう伝えます。

「3か月間だけ真剣に家業に向き合おう。たったひとつの正解も、絶対的な間違いもない。この講義で感じたことをとにかく言葉にしていこう」

全15回の講義の前半では、ひたすらケーススタディを行います。家業を継ぎ、新規事業や業態転換といった挑戦をして会社を立て直したアトツギ社長の話をシャワーのように浴びてもらいます。

アトツギ社長の多くは、若い頃は家業を継ぐ気なんてまるでなく、全く関係ない業界に就職したものの、親が病気になったり、会社が傾いてしまったりといった事情で、仕方なく家業に戻ることを決めた方々です。

「家業に戻るかどうかの決断は、ある日突然迫られる」

「自分自身の事情は全く関係なかった」

学生たちが家業を継いだ先輩たちの話を食い入るように聞いているのが印象的です。

「何を言ってもいい、何を訊いてもいい」ということが前提になっているので、学生からはどんどん質問が出てきます。さまざまなメディアに登場する有名な経営者も、学生時代は自分と同じように、ごく普通の若者だったこと。リーダーシップや経営の知識が最初からあったわけじゃなく、立場や環境が彼らを経営者にしていったこと。興味がなかった家業のビジネスを自分の得意な領域に寄せていったこと。経営者の話に自分の今とこれからを投影することで、「家業を継いだ自分」を想像しやすくなるようです。

経営者になる、家業を継ぐというのは、きれいごとばかりではありません。どんなに苦しい状況が起こっても、社員を守っていくという責任を引き継げるかどうか。そういう意味では、ビジネスの戦術論以上に、「経営者としての覚悟はどう生まれたのか」というテーマが軸になります。

学生に現実感をもって自らの将来を考えてもらうため、同時にネガティブなイメージにがんじがらめにされないようにするため、先生役は劇薬レベルの困難《ハードシングス》を乗り越えたタフな社長ばかり。彼らが学生たちに披露するのは、借入返済が滞り銀行の担当者が自宅に土足で踏み込んできた話、信頼していたベテラン社員が横領をした話、大規模な貸し倒れが発生し、真夜中に車を走らせ資金繰りに奔走した話――。

「若者にそんな話を聞かせるのはいかがなものか」というご意見もいただきます。でも彼らは先輩アトツギの体験談をきっかけに、自分の話を始めるのです。

「小学5年生の時、お父さんとお母さんがお金のことで毎晩ケンカしていた」

「学資保険を取り崩されたことがある」

「中学生の頃、海外留学をさせてもらったので、自分の家は裕福だと思っていたけど、ある日、すぐ帰国しろと言われて家に帰ってみたら、家中の家具に差し押さえのシールが貼られていた。その後、小さなアパートに引っ越した。そんな状況から会社を再建した父親はすごいと思う」

決して明るいばかりではないそういう話を、みんななぜか楽しそうにシェアし始める。彼らもやっぱり経営者の家庭に育った子どもたちなのです。

今まで誰にも言えなかった家業の話を言葉にできるのも、その場にいるのが全員アトツギという同じ境遇の人たちだからです。彼らには心の底に眠らせていた家業についての記憶を蘇らせて、「今感じていること」を自発的に語り合ってもらいます。この授業が、親の会社が幾多の困難を乗り越えて今もなお存続しているという事実がいかにすごいことなのかを再認識する機会にもなっているようです。

些細なコミュニケーションが先代の行動を変える

講義の後半は、学生自らの家業を題材に、新規事業開発を考えてもらうという実践的な内容へと進みます。

授業が始まった当初は「親に内緒で受講したい」と言っていた学生も、そんなことはすっかり忘れています。そのタイミングで出す宿題が「家業の歴史と強みを調べてくる」。そう、親に訊かないと宿題ができないんです。

学生の調べ方は、いろいろです。親と直接顔を合わせて訊く子もいれば、LINEでやりとりをする地方出身の子もいる。なかには、親と一緒に暮らしているのにLINEやメールで訊く子もいたりします。

興味深いのは親御さんたちの反応です。

「LINEで質問項目を箇条書きにして送ったら、翌朝、父親から超長文の返信が来て驚いた」

「親父と電話で3時間も話した。こんなこと初めてです」

少し照れくさそうに発表をしている学生の話を聞いて、「ああ、親御さんも自分の子どもと会社の話をしたかったんだな」とわかりました。

想像してみてください。「自分の代で終わりにするしかないな」と思っていたのに、子どもからある日突然、「うちの会社の強みって何?」と質問される親の気持ちを。そりゃあ動揺しますよね。でも嬉しかったと思うんです。子どもが自分の仕事に興味を持ってくれていることが。

こんな些細なコミュニケーションが親御さんの意識や行動を変えます。「自分の代で終わりだな」と思っていたのに、「もしかしたら将来、こいつが継ぐかもしれない」、そう思えるだけで「もう少し会社をいい状態にしておこう」という意識に変わるようです。「突然、新規事業を始めました」「親がうちの商品を海外で売りたいと言い出して、英語のコピーについて相談されました」なんていう微笑ましいエピソードを学生が教えてくれることもあります。

会社の経営はよくリレーにたとえられますが、バトンやたすきを渡す人がいると思って走るのと、いないと思って走るのでは、こうも違うんですね。この授業を受けた学生が、実際に将来会社を継ぐかどうかはわかりません。でも現経営者が、「自分の代で終わり」と諦めて事業をシュリンクさせるのか、「経営のバトンを次代に渡すまで頑張ろう」と思えるかは、大きな違いとなって現れます。

同族経営の事業承継は会社の問題であると同時に家族の問題でもあります。だから他人は踏み込めないアンタッチャブルな領域でした。しかも家族間でお互いの状況を忖度し過ぎて、しっかり話し合うこともないまま、なんとなく廃業に向かっていく。これが今起こっている後継者不在問題の多くの実情です。この問題がこれだけ深刻になっている今、第三者が介入してでも親子のコミュニケーションのきっかけをつくることには大きな価値があると感じています。

家業を自分が熱狂できる世界に「寄せていく」

わたしのゼミは、社会に出る前に家業と向き合ってみるというコンセプトでやっていますが、彼らにとって差し迫っているのは目前の「就活」です。

就活を控えた彼らからよくもちかけられる相談があります。

「家業を継ぐかどうか今はわからないけれど、家業に関連のある業界に就職したほうがいいのでしょうか」

これに対するアトツギベンチャーの社長やわたしからのアドバイスははっきりしています。

「今、最も興味があって熱狂できる仕事に就いたほうがいいよ」

これからの時代、どんな仕事でも、業界の常識や慣習を打ち破って活路を見出さないといけない。家業を継ぐにしろ、継がないにしろ、自分自身が築いたスキルやノウハウを武器に戦っていくことが求められます。

まして、テーマは、事業承継ではなく、ベンチャー型事業承継。家業とは無関係にみえる業界であっても、自分が本当に関心を持って夢中で取り組める仕事ができる会社に就職することを推奨しています。そのほうが、ゆくゆく家業を継いだ時に自分や家業の助けになる可能性が高いからです。

家業を承継して、次の30年を存続させるのは、小手先の戦術でなんとかなるものではありません。時には、多少のハレーションが起こることは覚悟のうえで、多くのしがらみをあえて断ち切って、思い切った決断をせざるを得ないこともあるでしょう。その中で、自分の決断に自信を持てるかどうかは「自分自身がこの道を選んで熱狂できるかどうか」です。アトツギは独特の使命感で会社を継ぐので、時に自分らしさや自分の得意な領域を封印して経営に取り組もうとしがちです。それが美学だと思っている人もいるかもしれません。でもこれからの、何もかもが不確実な時代にそれだけでは生き残っていけません。あなたが得意な領域に家業のほうを寄せていく感覚を持ってください。得意なこと、好きな領域を諦めないでください。

なぜなら楽しいと思う気持ちは利益を生み出す最大の源泉だから。オリンピックのメダリストの多くが試合終了後のインタビューで「楽しかった！」と語っていますが、彼らのここまでの道のりが簡単ではなかったことは容易に想像できます。それでも「しんどいけど、楽しい！」という状況が彼らを強くしている。アトツギも同じです。何よりあなたが熱狂できる事業に育てていくことが、経営者としての自分も、会社も強くします。経営者が夢を語らず、熱狂していない会社に、社員がついてくるはずはありませんから。

とはいえ、スタートアップではないので家業を100%好きな事業に変えてしまうのは難しい。引き継ぐ家業の業種によっては、自分の得意な領域を持ち込むことすら難しいと感じる人もいるでしょう。でも家業の現場と自分らしさとの間で反復横跳びを続けていると、そのうちにちょうどよい掛け算のポイントが見えてきます。

本書に登場するアトツギ社長たちも時間をかけて、そこに到達しました。

さて、この章ではわたしの尊敬するアトツギ経営者の一人、「ナンガ」の横田智之社長のケースをご紹介します。

おじいさんが営んでいた布団の下請け工場から始まった家業を継いだ3代目。ベンチャー型事業承継のモデル経営者です。

ナンガの本社があるのは滋賀県の米原市。周辺にはのどかな田園風景が広がっています。眼前にそびえる伊吹山が湛える水は、古来この地に豊かな恵みをもたらしてきました。かつて盛んだった養蚕業もその一つ。北近江一帯は繭からつくる真綿布団の産地としても知られ、布団製造は米原市の地場産業でした。

布団工場を引き継いだ父・晃さんの時代に、取引先が生産拠点を中国にどんどん移したことで、布団製造だけでは事業の継続が難しくなりました。そこで、布団づくりのノウハウを活用して、シュラフ（寝袋）製造へと転じ、1980年代後半にアウトドア市場に参入しました。その後、2代目の晃さんが寝袋の自社ブランドをスタート。登山家などアウトドアを嗜好する人々から絶大な支持を得たことがきっかけで3代目の現社長・智之さんがダウンジャケットを手掛けるようになり、アパレル事業に進出しました。

1994年に立ち上げた、保温性が高い機能性ダウンジャケットのブランド「NANGA（ナンガ）」はいまや、アウトドアのみならず、タウン着のアパレルブランドとしても注目され始めています。2023年2月時点で、自社ブランド直営店を東京の中目黒と原宿、名古屋に、また、フランチャイズ店舗は大阪と北海道に展開しています。今後さらに増える予定で、ニューヨークに基幹店を出す計画も進行中です。

布団→寝袋→ダウンジャケット。平たく言うと、「人の体を温める」という軸足を変えず、「フワフワした素材を縫製する技術」と「高機能素材の見識」を駆使して、地続きで隣の領域を攻めていった結果、マーケットがからりと変わったわけです。

生き残るために、経営資源を徹底的に棚卸しして、発掘した何かを価値に変える。これがベンチャー型事業承継の基本的な考え方ですが、横田さんの場合は、それに加え、「自分が夢中になれる、好きな領域」を掛け算したことが奏功したといえます。

CASE 2

株式会社ナンガ　代表取締役　横田智之

本社から最寄りのコンビニまで車で20分!
ダウンジャケットの世界的ブランドになった布団メーカー

獣医師になるのが夢だった

自営業の長男だというだけで、周りから「アトツギ」扱いをされるのが子どもの頃はすごく嫌だったという横田さん。人生で最初に目指した夢は「獣医師になること」だった。ご両親も「進みたい道があるのなら、家業を継ぐ必要はない」と黙ってチャレンジを見守ってくれていたそうだが「勉強したけど、大学に受からんかったんです」と笑う。

このことが、人生の分かれ目となった。親は今でも、ふと思い出したように「あの時、お前が大学に受かっていたら今頃会社はどうなってたんかな」と言うことがあるが、本人はまったく後ろを振り向くことはない。

「受からなかったから、今がある」

獣医師への道が大学受験の失敗で閉ざされた時、ある意味、諦めがついた。

「夢を追いかけてチャレンジして、それがかなわなかった。もっと勉強していたらよかっただけの話で、そうできなかった自分が悪いんです」

0か100かの挑戦だったので、他の大学に行くつもりはなかった。

「中途半端に迷うことはありませんでした」

そして、この時、家業を継ぐことになるのだろうという覚悟ができた。と言っても、すぐにではない。いったんは外に出て働くことを選んだ。

「既定路線に乗るだけというのは、面白くない。自分自身の力でチャレンジしてみたいこともあった。継がなければならないと思いながらも、自分で何かやってみたいという葛藤を、アトツギはみんな、一度は抱えるんじゃないかな」

怒られる理由がわからなかった

高卒で働き始めた。

最初に就いた仕事は貸衣装屋の営業職。職人あがりの父の商売は営業力が弱いことがわかっていたので、家業に入った後で役に立つ仕事を学んでおきたいという思いがあったという。「お前ひとりを雇う余力はできた」と父に言われて実家に戻り家業に入ったのは22歳の時。最初の給料は15万円だった。出社初日に父から全国の店舗リストを渡され、「明日からここを全部回ってこい」と言われた。300万円分のシュラフを車に積んで何の知識もまだない状態で営業に出かけた。

「超スパルタやった」と苦笑しながら当時を振り返る。

昔ながらの職人気質の父は言葉少なで、「まずよう怒るひとでした」。絶対毎日怒られるので、怒られないようにどうすればいいかと、それればかり考えていたという。親子だから難しいというわけでもなくて、どんな会社で働くにしても、上司の示す方向性を理解する努力をするのは当たり前の話だという横田さん。ちゃんと理解して行動しなかったら怒られるのは仕方ないと割り切って、とにかく考えに考え抜いた。

「その考えるというプロセスが楽しかった」

営業先では「何しに来た」と店の人にどやされることもあったが、他社製品にはない圧倒的な保温性がナンガの強みだと教えてもらったこともある。次の営業先ではそのままを売り文句にした。「父はやってみろと言うだけであとはほったらかし。当時の社員10人分の給料を稼ぐために、どう売ったらいいかを必死で考えました」

親が真剣に取り組んできた家業を、まずは理解する。親がこの会社をどういう風にしたいと思っているのか、どんな理想を描いているのかを聞いたうえで、それに近づく努力をするのは当然で、結果を出してはじめて自己主張ができる。そう思って、必死に日々の行動を重ねていった。

父自身が「まずはやってみる」の精神で生き抜いてきたことを息子である横田さんは知っている。シュラフ製造に打って出た時には、保温機能を高めるための手間のかかる縫い方にこだわったため、1日に完成できるのがわずか一つだけという時期がしばらく続いた。出来上がった製品には、永久保証も付けた。唯一の国産シュラフメーカーとして、国内に工場がある強みを生かし、迅速に対応できる体制を整えていった。

品質が良いという口コミが広がり、国内のアウトドアショップからのOEM製造依頼が相次ぐなどシュラフ製造が軌道に乗った後も、同じところにとどまることはなかった。新しいアイデアで開発した商品が在庫の山に代わって、最後は100円で売り払ったなんてこともある。それでも、「やってみなわからん。あかんかったら、次」で進んできた。

OEMで防寒ウエアをつくってほしいという話が横田さんのもとに舞い込んできたのは入社して3年目、25歳の時だった。アパレルにはもともと興味があった。シュラフづくりに使うミシンをそのまま使うこともできる。「これはいけるんじゃないか」と、初年度にダウンのベスト、ジャケットを300枚ずつつくった。だが結果は赤字。根本からの見直しを余儀なくされた。

「親父にはむちゃくちゃ怒られましたが、息子やからそれでも続けられた。まだ20代だったから許されたんでしょうね」

親が見ている世界は、子どもより広い。今になると、それがよくわかる。そのことに気づけたのは、アトツギとして家業を継ぐことを自分自身が納得して受け入れて、そのために努力を重ねてきたおかげだ。

「継ぐということは、いつかは社長になるということ。従業員を守っていくという覚悟を決めた時、親の覚悟やこれまでの努力、想いもわかるようになった」

横田さんが社長を継いだのは、32歳の時。家業に入って10年が経過していた。

どんな経験も、プラスになるかマイナスになるかは本人次第

社長になって、会社のお金をどう使うかという判断を自分でできるようになった時、アパレル商品へのチャレンジを進めることを決めた。シュラフは、アウトドア業界では高評価を得ているが、国内市場は小さくてニッチ。誰もがわかる分野の商品を扱っていきたいという気持ちがあった。

その決断を支えたのはシュラフのメーカーとして培った知名度と商品への信頼だ。

「チャレンジするには、確かな土台が必要です」

ダウンジャケットをつくってアパレルに進出することを考えた時、どこを主軸に品質の評価を勝ち取っていくのかが重要になると思った。ナンガはダウンジャケットにどんな価値を与えられるのか。見極めるべき本質は何か。ダウンジャケットにもっとも大事なのは、温かい着心地と保温であり、それは、これまでの主力製品であるシュラフと同じだ。

「たとえば、デザインや縫製が100点満点で80点しか取れなかったとしても、保温性で100点が取れれば顧客は買ってくれる。そして、僕たちにはその技術が十分にあった」

家業に入ってすぐの20代前半の頃に、当時社長だった父から「2か月間、冬山にこもってこい」と言われて研修に行かされたことがあった。その時は、心底イヤでしょうがなくて「ムカついた」が、今思うと厳冬期の山を体感として知っていることの価値の大きさを痛感している。シュラフに必要なのが何かを体験を通じて知ることができた。ナンガが何を大切にすべきなのかに気づくこともできたし、それが、その後のアパレルへの展開の際にも役立っている。

「どんな経験も、その後の心の持ちようで、よかったのかどうかが決まると思う。プラスにするのもマイナスになるのも、結局は本人次第やね」

悩み始めるのは早い方がいい

どんな仕事を選ぶにしても、大事なのは、まず悩むこと。悩みに悩んだうえで覚悟を決めるというステップが絶対に必要だという横田さん。

「アトツギだからといって、覚悟なく経営者になったら会社も従業員も本人もみんな不幸になる」

できれば、悩み始めるのは早い方がいい。

「自分事にならないと、本気で考えられないから」

いつかどこかのタイミングで家業を継ぐ可能性があるのだとしたら、その時、自分は会社をどう成長させていきたいのか。必ずしも拡大する必要はないし、スモールビジネスでも全然かまわない。ただ、もしも拡大させたいのであれば、それなりにいろんな経験が必要になる。そのためにはスタートは早い方がいい。

アトツギに生まれたからといって、道が一つしかないわけではない。他にもたくさんの選択肢がある中で、自分で考えて納得できるかどうか。親や先祖たちの努力や想いを自分はどうつないでいくのか。同じようにできるのかどうか、そもそも同じことがしたいのかどうか——。こうした葛藤は誰もが抱えるにちがいない。守っていくということへのプレッシャーもある。

「高校生の長男は、中学校の卒業文集に『お父さんの会社で一緒に働くのが夢です』と書いた。僕はそんなこと思ったことなかったから、不思議でしょうがなかった」

こんなにプレッシャーのかかる仕事を継がせることが幸せなのかどうか、正直わからない。父親としては、無理に継がせる気はまったくないが、本人が継ぎたいというなら、その時は後押ししたい。どんな道を選んでも、本人の人生。

「自分自身で納得して決めるというのが大事。それに尽きます」

足し算では成し得ない成果を

創業者やベンチャー経営者とアトツギの違いは、多くの場合「0→1」かそうじゃないかというふうに語られることが多い。0から何かを生み出すのが創業者やベンチャー経営者で、アトツギは「1」をどれだけ大きくしていくかというところで勝負する。引き継いだ事業をより大きく発展させていくこともやりがいがあるけれど、どれだけ成功したとしても、それが足し算である限りは、「創業者の目の付け所がよかった」という話になって、2代目や3代目の努力はあまり顧みられることはない。横田さんは、それが嫌だったと笑う。

「日本人は足し算は得意だけど、『0→1』と掛け算が苦手。僕は、親がつくったものを掛け算で大きくした人として名前を残したいと思ったんです」

足し算で増やしていくことが経営手法として間違っているわけではない。正しいとか間違いとかという話ではなくて、大事なのは「自分はアトツギとして何を成果とするために働くのか」ということだ。その答えが曖昧なままでは、目指すべき方向性も規模感も定まらない。横田さんが出した答えは、親から継いだものに、自分らしい何か別の要素を掛け合わせて、足し算では成し得ない成果を目指すということだった。

(どうすればそんなことができるのか)

考えるべき要素はたくさんあった。まず、アトツギには先代から引き継いだ守るべき大切な社員たちの存在がある。当然、リスクがなるべく少ないようにと考えることになる。また、同様に引き継いだものとして、設備や技術、仕入れ先という経営資源がある。自分がやりたいビジネスにそれらをどう掛け合わせていけばいいのか。

アパレルがやってみたいからといって、いきなりアパレルブランドを立ち上げてフルラインナップをそろえて勝負するなんていう発想には、だから、ならなかった。今ある資源を使ってできることを考える。やってみて、ダメだったら傷が大きくならないうちにすぐに引き上げるという前提を常に持っておく。そうやって、一歩ずつ進んでいった先に、人気アウトドアファッションブランドとして認知されるようになった現在がある。

「時間軸は、約10年。何かを変えるには、それくらいはかかります」

その間もずっと、守るべき対象は、横田さんの中でただの一度もブレることはなかった。

「守りたいのは、ナンガの社員です」

アパレル商品をつくりたいというのは、ある意味「自分のエゴだ」と横田さんは認識している。だから、「新規事業がうまくいかなくて社員を守れなくなりそうになったら、やめる」という覚悟を持ちながらのチャレンジだった。

「一つずつハードルをクリアして、一つ越えたら次はこれができる、その次はこうしたいと考えていくことが大事なんです」

何か新しいことを始める時には、徹底的に社員と話し合ってきた。「まずはこちらから丁寧に説明をした後で、全員の意見を聞きます」。反対でも賛成でも、全員の意見がそろうことはない。とことん話し合いの場を重ねたうえで、最後の決断をするのは社長の役割だ。

「みんなの気持ちを加味して、こう決めました。うまくいかなかったら、その時はまた考え直すし、うまくいった場合はこういう展開があってみんなにもこういうメリットがある。だから、やらせてほしいって、こっちから社員にお願いせんとあかんのです」

「変えること」と「守ること」を考える時、いつも軸となるのは「本質は何か」ということ。社員が幸せになるための選択を続けていれば「みんな、理解してくれる。それがないと、会社は成長できません」。

2年前からは、創業時の主要品目だった「布団」づくりを再開した。

「布団は売れない、ってみんな言います。すでに人口に対して180パーセント普及しているから飽和状態。でも、ちゃんとした布団を選んで使っている人はあまりに少ないから、快適な布団を提供していきたいんです」

アウトドア用品を扱う中で培った「保温」のノウハウをふんだんに生かしたナンガの新しい布団は、すでに年商1億円程度の商売に育ちつつある。

地方だって世界とビジネスができる

「今どき、東京じゃないとできないことって何かありますか？」

横田さんは、米原の本社を移すことはまったく考えていない。米原から東京へは新幹線で約2時間、大阪、名古屋、北陸へは約1時間。生地メーカーや問屋、営業先などに商談に行くにも顔を出すにも、とても利便性が高い。飲食店や娯楽施設などは都会に比べるとかなり少ないけれど、アウトドア好きには自然の多い環境は逆に贅沢だ、と笑う。

「人生に何を求めるかは人それぞれなので、都会にしか住めないという人はいると思う。それを否定はしない。だけど、それはあくまでも人生の問題で、ビジネスの問題ではない。ビジネスは、どこでもできますよ」

ただ、一つだけデメリットかもしれないと感じているのが人材の採用や雇用に関することだ。優秀な人材を集めるのに時間がかかることが多い。ある時、結婚を考えているという社員から「ナンガで働いていると言って彼女の父親に反対されないか心配だ」と言われ、ガツンとこたえた。「世間から見ればまだまだ無名の会社。社員が堂々と胸を張っていられる会社にしないと」と誓う。

だが、本社は米原であっても、活躍の場は日本国内はもちろん世界に広がっている。実際、横田さんのもとには国内・海外を問わず商談が舞い込む。ニューヨークへの基幹店の出店準備も、現在、着々と進んでいる。

「失敗してもいいんです。まずは1回、やってみようかな、と」

＊

わたしのゼミでも、家業を継ぐだけではなく、地元に戻ること自体に悶々としている受講生はとても多いです。地元に戻って家業を継ぐ＝生きる世界が狭くなるというような思い込みがあるのかもしれません。

でも横田さんのように、事業の内容はもちろん、活動領域だって、自分自身で自由に切り拓いていけばいい。自分のやりたいことや興味のある分野に、家業を「寄せていく」。そんな発想もあると知ることで、人生の見え方は一変するかもしれません。

企業概要

【会社名】 株式会社ナンガ

【業種】 製造業

【事業内容】 アウトドア製品・アパレル製品の企画、開発、生産、販売

【所在地】 ◆本社　〒521-0223　滋賀県米原市本市場182-1

◆NANGA SHOP HARAJUKU
〒150-0001
東京都渋谷区神宮前6-16-19
原宿WATビル101
TEL：03-3409-1941

◆NANGA SHOP TOKYO
〒152-0003
東京都目黒区碑文谷2-10-21
ディアハイム碑文谷101
TEL：03-6303-1688

◆NANGA SHOP KYOTO
〒604-8122
京都府京都市中京区柳馬場通
錦小路下る瀬戸屋町471番地 1F
TEL：075-256-7010

◆NANGA SHOP NAGOYA
〒460-0008
愛知県名古屋市中区栄3-25-39
サカエサウススクエア1B号
TEL：052-242-1995

◆NANGA SHOP OSAKA
〒550-0015
大阪府大阪市西区南堀江1-22-18
TEL：06-6567-8171

◆NANGA SHOP SENDAI
〒980-0021
宮城県仙台市青葉区中央
2丁目7-28 メルビル104号室
TEL：022-217-2929

◆NANGA SHOP TOHMA
〒078-1300
北海道上川郡当麻町市街6区
TEL：0166-56-7972

◆NANGA SHOP KUSATSU
〒525-0063
滋賀県草津市南山田129-1
TEL：077-515-2888

◆NANGA SHOP KITAHIROSHIMA
〒061-1111
北海道北広島市北の里35-3 A棟
TEL：011-802-5270

【代表者】 代表取締役社長　横田智之

【資本金】 8650万円

【売上高】 55億円（2023年2月期）

【従業員数】 150人（2023年11月現在）

【設立】 1990年6月

【公式HP】 https://nanga.jp/

第3章
業界の常識は非常識

株式会社大都　山田岳人［JACK］社長

「アトツギ白熱教室」は受講生の半数が女子です。もちろん、男兄弟がいなかったり、一人っ子だったりというアトツギ女子もたくさんいますが、最近では「お兄ちゃんはいるけど、お兄ちゃんが継いだら会社は潰れる。わたしのほうが経営者に向いている」とか「弟は研究者の道に進みたいと言っているし、わたしは経営に興味があるので」といった積極的な女子も決して少なくありません。「重いものを持つ力はなくても、男の人ばかりの現場の会社を継ぐことはできるでしょうか」なんていう相談を受けることもあります。

アトツギムスメたちが抱える課題は「結婚どうする?」問題とも深くリンクしています。家業を継ぐと決めている女性と結婚する男性には、もれなく会社がついてきます。もしかしたら自分が継ぐことになるかもしれません。それは場合によっては何千万円、何億円という借入を個人保証することを意味します。親が商売をしている家に育った子どもは事業をするには借金はつきものだと知っているものですが、サラリーマン家庭に育った男性であれば、自分がそんな額の借金をするなんて考えたら、普通は震えあがってしまうことでしょう。

さて、ここで「大好きな女性と結婚したばっかりにレガシー産業の会社を継ぐことになった」経営者に登場してもらいましょう。

株式会社大都《だいと》の山田岳人《たかひと》社長。大都は「ホームセンターの巨人カインズが教えを請う工具界のａｍａｚｏｎ」「創業80年のベンチャー企業」などとメディアから注目されている老舗企業です。

大都という会社のユニークさは様々な面に見出すことができるのですが、その一例が本社の立地です。ＪＲ大阪環状線の寺田町駅から徒歩10分。ですが、その道のりがすごいのです。大都が公式に案内している文面をこの後紹介しますのでページをめくってみてください。

創業は１９３７年。最初はメーカーから仕入れた工具を金物屋さんに卸していましたが、先代（2代目）の時にホームセンターに卸すようになって会社の規模が大きくなりました。そして3代目の山田社長は、工具卸業からインターネット通販を通じたホームセンター事業へと業態を転換。大都はいまや、国内最大級の３００万アイテムを扱う事業者向け通販サイト「トラノテ」と一般消費者向けの通販サイト「DIY FACTORY」を運営する会社に生まれ変わりました。

「日本の暮らしを変えていく」をコンセプトに、工具の通販という領域を超えて、ＤＩＹマーケットや住宅・インテリア産業を中心に新しいサービスを次々に展開しています。社員は28名、売上は70億円超え（2023年12月期）。

ちなみに、大都では、社員は入社したら自分にイングリッシュネームをつけます。山田社長は「ジャック」。ここからはそう記すことにします。

ジャックは奥さんの実家の家業を継いだアトツギです。婿に入ったわけではないので、「サザエさん」でいうならマスオさん。ご自身も「マスオ型事業継承」と名乗っています。

今の大都を、そして今のジャックを知る人は、15年前にこの会社が廃業の崖っぷちにいたことなど想像できないでしょう。

CASE 3

株式会社大都　代表取締役　山田岳人（ジャック）

引き継いだ顧客ゼロからの起死回生

ホームセンターの巨人カインズが教えを請う工具界のamazon

スーツから作業着へ

「大学時代はアルバイトと遊びで忙しい毎日を過ごしました。いろいろなバイトを経験しましたが、3回生から始めた大手求人誌の営業で正社員を差し置いてトップの売上を達成。卒業後はそのまま入社しました。『仕事は楽しくするもの』というのが社風で、社員たちが自ら勝手でも、そのまま進んでください。
そして、すぐにこう思います。

「おい、GoogleMapよ。
ここじゃないだろ？
人の家の庭だぞ」

でも大丈夫。
ここが地元の人の通学・通勤路です。（けもの道です）
トラッキーも微笑んでます。（2018年7月30日現在）

その、人が一人しか通れないような場所を通り抜けて、
「おい、ここは日本か？」と思うかもしれませんが、
そのまま突き進みます。

しばらく、GoogleMapの指示通りに進むと、右手
にお地蔵さんがありますので、願い事をどうぞ。

ここまでくると、もう大丈夫です。信号を渡って、
50Mほど行くと大都ビル（1973年築）が右手にあります。
電柱に「ひったくりに注意」と書いてあるのが目印です。

ちなみに、初めて面接に来られる方は
この間で２割離脱します。
それでは、ご来社お待ちしてます。

大都本社（大阪）にお越しいただく皆さまへ。

株式会社大都の本社はJR環状線寺田町駅から徒歩約10分です。
（寺田町駅は天王寺駅の一つ隣です。）

以前から、その駅から本社までの道のりが難しいというお声をいただいておりこれは道案内のコンテンツが必要だなと思っていたところなので、ブログで書いてみようかと思います。

まず、一番大切なことを先に書きますね。
「最後までGoogleMapを信じてください」

それでは、駅の改札を出たところから。

必ず北出口から出てください。
南出口から出ると、もう説明ができません。

北出口を出ると目の前の高架下にマクドナルドがあります。

その向かって右側の整骨院との間の細い路地を入っていきます。
そのまま、GoogleMapの指示通りに道なりに進んでいきます。
すると右手に「天竜湯」という銭湯がありますので、そのまま進んでください。

ダイジョブです。
合ってます。
ちなみに、生野区は銭湯天国で大都本社から徒歩５分以内で行ける銭湯が５軒もあります。
そして、ここから最大の分かれ道に。

GoogleMapは向かって左への路地へ直進しろといいますので、
その通りに左の路地を直進してください。しばらくすると、
「あれ？　この先行き止まりじゃない？」って思います.

にノルマをつくり、目標を達成してはドンチャン騒ぎで喜ぶ。学生みたいなノリがすごく楽しかったですね」

入社したのは株式会社リクルート。上司にも同僚にも恵まれて、とにかく毎日が充実した、楽しい社会人生活だった。5年目に入り、学生時代から付き合っていた彼女にプロポーズ。正式な結婚の申し込みをするために実家を訪れた。

彼女は、大都の先代社長の一人娘だった。ご両親に向かって結婚させてくださいと言ったら、こう言われた。

「娘はやるから会社を継いでくれ」

彼女の実家の家業のことなどほとんど知らなかったが、どうせいつかは起業しようと思っていたこともあって、その場であっさり快諾。そのことを報告した上司からはものすごい勢いで反対されたが、それでも迷わなかった。1年後にはリクルートを辞めて大都に入社。28歳の時だった。

初日、スーツを着てアタッシュケースを持ち、張り切って出社したら、いきなり怒鳴られた。

「そんな恰好でどうするつもり?」

言われてみれば、社員はみんな作業着姿だ。慌てて着替えたら、4トンのトラックの運転をまかされ、工具を配達するトラックを運転するのが最初の仕事となった。トラックに乗るのも初めてなら、マニュアル車の運転も初めて。途中でエンストして、横に座っていた先輩社員のおっちゃんに「情けないやっちゃな」とぼやかれる。そんな日々が続いた。

商品知識がないから、客の注文の内容がわからない。業界の商慣行を知らないから、仕事の進め方がわからない。正直、工具に興味もない。当時、大都には10数名の従業員がいたが、一番若い社員が45歳。ジャックは28歳。話もまるで合わない。まったく面白くない。ないない尽くしの毎日でとりわけつらかったのが「この会社には夢がない」と感じたことだった。

業界ごとズブズブ沈んでいく

経営理念もなければ、売上目標すらない。「これで日本一になる」とか「うちの会社はこれで世のなかの役に立っている」という思いを感じることができなかった。それでも、利益が上がっているなら、まだ納得もできるけれど、まったく儲かってもいない。

そもそも問屋業は儲からない。工具メーカーから物を仕入れてそれをホームセンターのような小売店に売るわけだが、同じ商品を納品する問屋は他にいくらでもある。当然、価格競争になる。また、問屋というのは小売店にしてみれば倉庫代わりの存在で、欠品した時にはペナルティの罰金を払わされたりすることもある。小売店の売り場に立って販促の支援をさせられたり売れ残り品を回収させられたりといった理不尽な要請にも黙って応えるしかなかった。

しかも、支払いは約束手形だ。約束手形なんて、それまでは人生ゲームでしか見たことがなかった。受け取った手形が現金化されるまでの期間は180日。先代はとても人がよかったので、高額の不渡りを食らうこともよくあった。

現金回収していた取引先から「手形にしてくれ」という電話が入ると、当時社長だった先代は、すぐに引き受けてしまう。

「手形にしてくれってことは資金繰りが厳しいってことだから、これは引っかかるで。なんで引き受けるんや」と言っても、先代は「かわいそうやんか」と。その結果、案の定、取引先には逃げられる。気がつけば不渡りを食らって紙切れになった手形が山積みになっている。こんなことで資金が回るはずがなかった。

同業者もみんな「この業界はそういうもんだ」と諦めているようだった。新規参入もないし、業態転換をする会社もなくて、問屋という業界ごとズブズブ沈んでいく感じだった。

（いったい何のためにこの商売をやっているんだろう）

悶々と悩みながら日々を過ごした。好きにもなれないし、将来性も感じられない。ものすごく辞めたかったという。

だが、自分が辞めたらこの会社は終わる。借入金もあるから何とかしないといけない。「嫁さん」の実家の家業なので、知らん顔はできない。彼女を幸せにしたいと思って結婚を決めたのに、会社の存続を諦めてしまったら、そのミッションを果たすことができない。

とにかくやれることをやろう。そう決めて、2002年当時まだ工具業界では珍しかったEC（Electronic Commerce／インターネットでの販売）を始めることにした。とはいえ、ネットのことなど何も知らない。パソコンを買いに行くところからのスタートだった。日中は相変わらずトラックに乗っての営業や配達がある。それが終わった後に、マニュアル本を片手に夜な夜な一人で作業する日々が始まった。

採用はコストじゃなくて投資

ＥＣというのはつまり、ホームセンターなどの小売店に卸すのではなくて、ホームセンターに買いに来る個人のお客さん相手に直接売ってみようというトライアルだ。ホームセンターへの卸価格はだいたい売値の50％程度。小売店は５００円で仕入れたものを１０００円で売っているわけだ。一方、問屋は４７０円で仕入れたものを５００円で納品するというくらいの低い利益率。多くても1割、たった10％の利益というのが相場だった。それが、ネットなどで直接顧客に販売できれば50％の利益が出る。

（インターネットってすごい！）

しかも、全国の人が直接物を買ってくれるというのが嬉しかった。

ＥＣの可能性の大きさにワクワクしながら、どんどん商品ページをつくって取扱品数を増やしていった。昼間はトラック運転、夜はネットでページづくり、注文が入ったら手書きで発送伝票を書いて出荷。全部一人でやった。送り状も今のようにデジタル化はされていなかったので、すべて手書き。京都市内から注文が来るのがイヤだったと笑う。

「住所が『西入る、東入る』とか『上る、下る』とか、やたら長いんですよ」

問屋商売は量をさばいてなんぼという業界なので古くからいる社員たちは「個人相手に少量を売る商売で食えるはずがない」と冷めた反応で、誰も応援してくれなかった。

楽天市場で始めたＥＣの月商がようやく１００万円を超えたのは、始めてから1年半後のことだった。そして、売上は2年目からは増加の一途をたどっていった。それには理由があった。ＥＣを始めた時、「売上が１００万円になったら、一人採用しよう」と決めていた。月１００万円の売上があれば、一人分の人件費がまかなえる。求人情報のチラシをつくって、それを見て応募してくれたパソコンが得意だという近所の女性を採用した。

それによって、事態は大きく変わった。ジャックがトラックに乗っている日中の時間に、彼女がやるべきことを全部やってくれる。ＥＣ専属の担当者なので、お客さんへの対応も早いし、商品の登録もどんどん進む。売上がどんどん上がっていった。

その時、気づいた。「売上が１００万円を超えたら人を雇おう」という考え方ではなく「売上が１００万円を超えるように人を雇おう」と考えなくてはいけなかったのだ。この時の後悔は今も忘れない。リクルート時代にさんざん営業トークで言っていた言葉を思い出した。

「採用はコストじゃなくて投資ですよ」

それからは積極的に人材の採用を進め、売上もそれに連れて伸びていった。ちなみに最初に手伝ってくれた女性社員は、２回の産休をはさんで今も大都で働いている。

苦渋の決断「全員解雇と再雇用」

次第に増えていくＥＣの売上とは逆に、問屋業での数字は厳しくなる一方だった。会社は、「5人乗りのボートに15人が乗っている状況」だった。このままだと、間違いなく沈没する。折しも二人目の子どもが生まれたタイミング。

「このまま何もしなければ、自分たち家族も含めて社員全員が路頭に迷ってしまう」

ジャックは、廃業を真剣に考えるようになった。

廃業するにもお金がかかる。顧問税理士と、シミュレーションをした。建物や在庫、売掛・買掛などの全てを処分して整理したらどうなるか。ある日、「やめるタイミングは今しかない」と税理士から連絡が入り、先代に廃業の意思を伝えた。

「申し訳ないけど廃業させてほしい。万策尽きた」

その時、先代は、こう言った。

「何をやってくれてもいい。でも、会社だけは残してくれ」

ここで生まれ育って80数年、会社がなくなったら、近所を堂々と歩けなくなる。そう切々と語る先代の気持ちを無視はできない。ジャックは、こう答えた。

「わかりました。もう1年だけ、頑張ってみます」

そして、社員の前でこう宣言した。

「今、会社は大赤字です。この1年頑張って黒字にできなければ、会社は解散せざるをえない。その時は皆さんには退職金を払って辞めてもらいます。そうならないように、なんとかみんなで窮地を乗り越えよう！」

2006年、ジャックが大都に入社して8年が経っていた。

小説やテレビドラマなら、この言葉に奮起した社員たちと社長が一丸となって会社のピンチを乗り越える劇的な展開となりそうなところだ。しかし、現実はそううまくは運ばなかった。

「解散宣言をしてからの1年間、社員の働き方は何ひとつ変わりませんでした」

営業を頑張り始める人などいない。定時になればみんなさっさと帰っていく。当然、1年後も会社は赤字のままだった。

「1年前に宣言したとおり、大都は解散する。一旦全員解雇します。でも給与を見直して再雇用します」

ジャックは全員を集めて、そう伝えた。その結果、ほとんどの社員が会社を去った。その時点では残ってくれた人もいたけれど、結局1年後には、ECの手伝いのために採用した女性一人を除き、古参の社員は誰もいなくなった。

「みんなから恨まれて、この時は本当にキツかった。あの経験だけはもう二度としたくない。今でもトラウマです」

妻も複雑な気持ちだっただろう、と思いやる。子ども時代には自宅は会社の2階にあって、小学校からランドセルを背負って「ただいまー」と帰ってくると社員さんたちが「おかえりー」と言ってくれる、そんな家族のような関係を長年築きあげてきた人たちだ。

ただ、これだけは自信をもって言える。あの時、あの判断をしていなかったら、間違いなく今の大都は存続していなかった。「会社だけは残してくれ」という先代との約束は守れなかっただろう。

10年かけて販路を100%変えた

「社員も0、既存顧客も0」からの立て直しにあたり、ジャックは大都の強みを改めて見直してみた。その結果、先代から引き継いだ最大の経営資源は、仕入れ先のメーカーとのネットワークだと気づいた。「製品を売ってもらえる」ことは、何十年もの取引を続けてきた信頼関係の上に成り立っている。この強みを生かして、何ができるのか。もがき、考え抜いた挙句、問屋という卸業の枠組みから飛び出すことを決意した。

「ECに賭けよう」

2002年から細々と始めていたECに事業を振り切り、自社のECサイトを構築・運営することに経営の舵を切った。ECの売上高はどんどん増えていた。また、一般ユーザーと直接つながることができる喜びもあった。業界の理不尽な商習慣から解放されるというメリットも大きかった。

だが、決して順風満帆ではなかった。最初に、見よう見まねでECサイトを始めた時には、取引先のホームセンターから大反発をくらった。考えてみれば当然だ。個人客の取り合い、競合になるわけなので、顧客のホームセンターからは「ネット販売をやめないと取引をやめる」と圧力がかかったこともある。

それでも、引き返そうとは思わなかった。応援してくれる人も出始めていたからだ。仕入れ先のメーカーの同年代の経営者たちだ。工具業界の古い商流を変えないと、この業界自体がダメになると彼らもわかっていたのだろう。この応援は心強かった。また、自社サイトだからサーバー代に高額の運営資金が必要だったが、先代は何も言わずに任せてくれた。

ネット販売に軸足を移すと決めた時、同時に「今後、問屋業はやらない」と決め、問屋の事業を意図的に縮小していった。最初に見直したのは手形取引だった。ネット通販では事前入金が基本。代引きの取引の場合でも1週間後には口座に入金される。

一方、問屋業界の慣習では、取引先は当たり前のように180日の約束手形を切ってくる。この間に大口の取引先の手形が不渡りになると、連鎖倒産してしまうことになる。経営リスクの観点から、取引の現金化を進めることが必須だった。

仕入れ先のメーカーに対する支払手形は自主的にやめた。取引を継続していたホームセンターに対しては、キャッシュによる支払いに切り替えてもらうよう交渉した。そのせいで取引が終了することになっても、問屋業を手仕舞いしていくのは既定路線なので問題はない。同じ条件で取引してくれる同業他社を紹介するなどして先方に迷惑をかけないように、少しずつ退いていった。手形取引の減少でキャッシュフローが改善し、収益は一気に好転した。

その後は2009年まで、前年同月比で一度もマイナスにならなかった。中国にデータセンターを開設して商品登録数を増やす戦略を採用したことも功を奏し、他社との競合にも勝利。2010年ごろからは倍々ゲームで売上が伸びていった。

だが、ここにまた落とし穴があった。あまりの忙しさに、現場が疲弊してしまったのだ。毎朝、パソコンを開いた受注処理の社員が、注文が多すぎてため息をついている。本来であれば喜ばしいことのはずなのに、誰も嬉しそうじゃない。

(このままではおかしくなってしまう……)

ジャックは業務の中身を見直すことにした。日常業務の中で面倒くさいと思っていることをみんなに書き出してもらうと、商品の発送処理やページの画像切り抜きなどの作業が負担になっていることが分かった。会社のコア、強み以外は無理して自分たちでやらないと決めて、他の作業はすべて外注に出した。さらに生産性を高めるために、発注のウェブ化など、考えつく限りのことを進めていった。

2012年、問屋業の売上がゼロになった。

ジャックが会社に入った時の売上は3億から5億円ぐらいだったが、それは100％問屋業の売上だった。現在はECで70億円を超えるぐらいまで成長している。10年かけてお客さんは100％入れ替わった。販路を100％変えるという荒業の業態転換を強気で進めていけたのは、仕入れ先のメーカーを大切にしてきた大都の80年の歴史があったからだ。

話したいことがあるなら、今日話した方がいい

2011年、ジャックは社長に就任した。

創業者から家業を継いだ先代はずいぶん苦労したらしい。後継者の苦労を誰よりも知っていて、しかも、娘の夫に継がせることになったという遠慮もあったと思う。リクルートを辞めてまで来てもらったという引け目も最後まであったようだ。そんな人だったから、「何をやってくれてもいいから会社だけは残してくれ」と言って会社を預けた後は、ただの一度も経営に口を出さなかった。そして、ジャックに社長の座を譲って1年後の2012年、会社の売上が過去最高になった年に亡くなった。入浴中の心筋梗塞による突然の死だった。

「アトツギの人に言いたいのは、親とケンカしてうっとうしいと思っているかもしれないけど、いつか絶対死んでしまうんやで、ということ。それは、明日かもしれない。だから、話したいことがあるなら今日話した方がいい」

ジャック自身も、まだまだ先代に聞いておきたかったと悔やむことがたくさんあるという。会社を「預かった」という気持ちが大きい、とジャックは言う。

「先代にとっても、奥さんにとっても、ここは会社であると同時に大切な家庭だった」

人生と切り離せないほどの大切なもの。それを「預かった」のだ。

だから、会社をかなりの好条件で買いたいというオファーが入った時にも、会社の成り立ちや歴史、家族の想いを考えて「うちはそういう会社ではありません」と断った。

グッドパーソンであれ

ECで人を雇ったら売上がドンと増えた経験から、人を採用することの大切さを痛感した。急激に売上が上がっていった2010年ごろからは、とにかくめちゃくちゃ忙しくなり、社員もみんな遅くまで働いた。終電までという日も多かった。

こんなことを続けていると疲弊してしまうからと生産性を高め、コア以外の業務は外注し、さらに中途採用を始めたが、そういう時はどうしても即戦力に目が向き、「スキル採用」になりがちだ。そうすると、人によって価値観のモノサシが異なるので「なぜこの仕事をやっているのか」という根っこの共有が揺らいでくる。会社としてみんなで同じところをめざしていこうよ、という風土を実現するための採用をしたいと思った。

新卒採用は2012年から始めた。新卒を採用している中小企業の経営者に「だまされたと思ってやってごらん」と言われたのがきっかけだった。初年度に3人を採用してみたら、これがすごくよかった。新入社員を迎えることによる先輩社員たちの張り切りぶりにも目を見張った。当時、大都は創業して60年経っていたが、社の歴史上初めての新卒採用だった。採りたくなかったわけではない。こんな会社に新卒が来るはずがないと諦めていたのだ。

そう思っていた理由の一つには、会社の立地も影響している。さきほど紹介したように、大都の本社は、大阪の下町、寺田町の迷路のような長屋街を通り抜けた場所にある。初めて来る人の2割はたどり着けずに離脱するというほどだ。

新卒の採用を考えた時、事務所を移転しようという話も出た。天王寺に超高層ビル「あべのハルカス」ができるタイミングだったので、その中に入るという案もあった。こてこての下町で、しかも駅からわかりにくい道を10分も歩くという会社が新卒を採用するのは相当ハードルが高いと思ったからだ。

だが、そんな折に先代が急死した。その時に、創業の地を離れるのは「なんかちがう」と思ったという。

「やっぱりここでやっていこう」

みんなで、そう決めた。ロケーションが不利なのはわかっている。そのぶん、面白い仕事が溢れる魅力的な会社にしようという気持ちがますます強くなっていった。

2年目に採用した5人が、今は中核社員になっている。3年目には7人を採用した。3期生を採用する時、採用担当の2期生たちが、京都大学で採用活動をしてみようといってきた。周囲からは「アホちゃうか。生野区の会社に京大の学生が来るわけないやろ」とボロカスに言われたが、なんと、実際に採用ができた。親御さんからの猛反対を押して、入社を決めてくれたのだ。

諦めずにやればできるんだということが、その時にわかった。

「うちの会社に新卒が来るはずがない」「京大卒が来るはずがない」というふうに、中小企業の社長は「うちに◯◯ができるはずがない」と勝負の前に言い訳して逃げがちだ。だが、その時のジャックは「新卒が来たら、京大卒が来たら、うちの会社はもっと面白くなるよな」と、単純にそう思ったのだという。

世の中の流れが変わりつつあるタイミングでもあった。上場している大企業で粉飾決算が発覚したり、銀行ですら潰れたり。「大きな会社だから安心」という考えが揺らぎ始め、起業や、ベンチャー企業で働くことを志す優秀な若者が現れ始めていた。

「うちは、組織づくりでいろんなチャレンジをしているけど、オリジナルのものはほとんどない。ほぼ、どこかの会社がやっていることのパクリです」と、ジャックは笑う。いつもアンテナを張っていて、「良さそうだな、うちの会社でもやってみたいな」と思うと、とりあえずやってみる、ということを続けてきた。

採用活動の最終選考で学生に推薦状を提出してもらうというのも、その一つだ。糸井重里さんの会社がやっているのを何かで読んで、真似してやってみた。これが、かなり面白い。誰でもいいから自分のことを推薦してくれる人に書いてもらって、直接会社に送ってもらってください、という仕組み。何人に書いてもらってもいい。親御さんに書いてもらう人もいるし、恋人に書いてもらう人もいる。中には、元恋人に書いてもらう人もいる。

大都が採用の際に重視するのは、グッドパーソンであること。たとえば、ゴミが落ちていたら率先して拾うような気配りができる人だ。

「愉快に仕事をしよう」というのが大都の企業文化だ。先代時代の社員を全員解雇したのが今でもトラウマだというジャックは、社員が日曜日の晩に翌朝の出社を楽しみにするような会社をつくりたいといつも願っている。

胸を張って墓参りできるか。子どもに胸を張れるか。後ろめたい仕事をしていないか――これが「愉快に仕事をしよう」と並ぶ大都の価値観だ。

「明日が楽しみになる会社をつくりたい」

「やっぱり経営ってすごく面白い」

いいことばかりではもちろんないが、世の中を少しでも良い方向に変えたいと本気で願えば実現していけることも多い。子ども世代に何を残せるかと思うことが最近増えてきた。

住まいに関わる仕事をしているので、既存の業界が、供給側の都合でつくり上げたおかしなルールがたくさんあることが気になっている。たとえば、供給の過剰。近い将来には3軒に一つが空き家になると言われるほどに空き家問題は深刻な課題になっているのに、新築のマンション販売は止まらない。子どもたちが大人になる時代には世帯数も人口も減ることは明らかなのに、新築マンションを売りたい供給側は止めようとしない。

そういう状況を自分たちで変えていくことは、やりがいもあるし、面白い。未来のために今の大人が何をしないといけないのかを考えて、経営者としてアクションを起こしていくというのは社会的な意義も大きいはずだ。そこで、よりインパクトの大きな存在となるためにIPO（株式公開）を目指すことにした。

真剣に動き始めたのは2014年ごろ。ジャックには二人の娘がいるが、将来的には家族以外の誰が後継者になってもいいようにしたいというのもIPOを目指す理由のひとつだ。だが、そのための資金調達は難航した。

最初に当たってみたのは、関西のベンチャーキャピタル。3億円の調達がしたいのにせいぜい5000万だと言われ、悔しい思いもした。自分たちのビジネスモデルはまだその程度なのかといったん立ち止まり、ビジネスモデルを書き直すこともした。その結果、東京のグロービス・キャピタル・パートナーズから4億円（同時にみずほキャピタルから5000万円）の出資をしてもらえることになった。

グロービスにとってこの出資は「初めてのことが三つある」と言われた。大阪の会社、しかも長屋の多い下町にある、アトツギの会社。

他社で経験を積んだ信用できる人たちを役員に迎え入れた。嫁さんが一人っ子で、先代も一人っ子だったおかげで株を持っている親族が他にいなかったから、順調に事が運んだ。

ただし、義母にはつらい思いをさせた。それまでは役員に名を連ねていたが、グロービスから出資を受ける時に、「お義母さんは勤務実態がないので役員から外れてもらってくれ」と言われたのだ。同族経営は、こういうところが難しい。マスオさん型で外から入ってきた後継者と創業家の人たちの想いは、また別だったりもする。アトツギがＩＰＯを目指そうとする時には、スタートアップとは違う課題がある。

このＩＰＯ計画は、しかし、２０１９年にいったんストップすることになった。コロナ禍の直前のことだ。

「上場ありきの事業計画をつくるようになって、歯車が狂い始めました」

ジャックは当時を、「経営人生最大の地獄だった」と振り返る。リアル店舗とコミュニティ事業としてのアプリの運営を上場準備のために始めたものの、事業計画通りにうまくはいかなかった。気がつけば、大赤字。それでも将来のために耐えて続けるべきだと言われてしばらくは頑張ってみたが、「このままいくと、会社がどうなるかわからない」という危機感を覚えるほどにまで赤字が累積した。

（いったん仕切り直そう、原点に戻ろう）

そう決意して、上場準備を進めてくれていた証券会社や監査法人に「いったん止めたい」と、頭を下げて回った。

ジャックは２００８年の「全員解雇」に続き、再び経営者として撤退の決断をした。

撤退戦ができるのは、経営者だけ

上場準備というのは、社員たちにとっては心弾むうれしいことで、メディアでも話題になり多くの注目を集めた。それをストップすると宣言するのには相当な覚悟が必要だったが、撤退戦ができるのは経営者しかいない。

「あれもやろう、これもやろう、前に進もうぜ！　というのは比較的簡単なんです」と、ジャック。前向きな目標は、社員のモチベーションを高め、パワーを生み出してくれる。

一方、後ろ向きの決断、つまり「減らそう」「やめよう」「立ち止まろう」というのは、どうしても負の印象が伴う。

「だけど、実は負の決断の方が重要なんです」

引き際をしっかり引くのは経営者の役割であり、撤退戦ができるのは経営者だけだ。その決断が遅れると、大きな痛みや損失につながることがある。とはいえ、あまりに早くから芽を摘んでしまうことは避けたい。どこで線を引くのか、の判断はいつも非常に困難だ。さらに、その判断が正しかったのかどうかはすぐにはわからない。

「数年後に振り返ってみて、ようやくわかることってありますよね」

当時は最悪の出来事だと思っていたことが、数年後に見ると「あの時にそうしておいて、本当によかった」と思える。

「だから、過去は変えられるんですよ」

過去をよくするのも、悪くするのも、結局は、その後の行動なのだ。

ＩＰＯをいったんストップするとともに、東京の二子玉川に出店したＤＩＹの店舗を閉めて、アプリ事業からも撤退した。店舗で働きたいと入社してくれたメンバーやアプリ開発に携わってくれた優秀な右腕、上場にあこがれて集まってくれた社員たちが次々と辞めていった。社員の数は半減した。社長として、社員が半分になるというのは相当つらい出来事だった。残ったメンバーたちも、それぞれが多かれ少なかれ何かしらの傷を負うことになった。

会社の業績は、社員数が減り、事業をＥＣに集中したおかげで伸びていったが、この時の傷が癒えるのには時間がかかった。

そして、２０２３年、大都は再び上場準備を始めている。

やるべきことを好きになる

スタートアップとアトツギの最も大きな違いは、事業内容が、必ずしも「やりたいビジネスじゃない」ことだ。

スタートアップは自分が得意なことや、好きな領域で起業する。アトツギは親がやっている商売を引き継ぐ。

「引き継いだビジネスそのままだと自分が夢中になれない、というのはある。そこからどう自分らしく変えていけるかが大事なんだと思う」

大都を継いだ時、取り扱っている工具に対してはほとんど興味を持てなかった。一方、チームづくりは昔からとても好きだった。そこで、「工具のビジネスを面白がれるチームをつくる」ことを目指そうと思った。それなら自分自身が熱中できるし、何より楽しめるはずと思った。

多くの人が「好きなことを仕事にしたい」と言う。でも、好きなことを仕事にして必ずしも幸せになれるとは限らない。絵を描くのが好きだから絵描きになりますと言ったところで、評価されなかったり、食べていけなかったりする。それよりも——、とジャックは言う。

「やるべきことを好きになる」

「やらなければならない仕事を好きになる」

大事なのは、この発想だ。

どうすれば仕事を好きなことにできるのか。スタイルはそれぞれのやり方でいい。ビジネスの中身そのものを好きになれなくても構わない。好きになるポイントは何でも構わない。おかしな言い方かもしれないが、家業の見方を「すり替えていく」ことが大事なのだ。好きになる理由は後付けでいい。そもそもアトツギには「すでにあるものに、後から意味を持たせていく」ことが求められるのだから。

ジャックの場合は、工具を仕入れて売って儲けるというスタイルから、「DIYを日本のカルチャーに」「日本の暮らしを変える」という方向性を打ち出した。やっているビジネスそのものは同じだけど、そこにどういう意味を持たせるのかは、経営者の腹のくくり方次第。アトツギベンチャーと呼ばれる経営者は、そこを徹底的にこだわって実践している人たちばかりだ。

家業のビジネスを面白くないと思っている後継者は多い。「そもそもやりたい商売じゃなかった」「親に頼まれて仕方なく継いだだけだ」などと言い訳ばっかりしている。だけど、どんなビジネスにも面白がる方法はきっと見つかるはずだ。

＊

ジャックは、マスコミの取材や講演でもアトツギのリアルな課題を代弁してくれ、若手からの相談にも積極的にのってくれる頼れるアニキ的存在。若手の悩みを聞きながら、共感して涙を流すことも多い情に厚い人です。その原動力になっているのは「自分がすごく遠回りをしたから」という悔しさです。

とはいえ、アドバイスは一切しません。会社ごとに抱える事情は違うし、誰も他人の会社の責任はとれないからです。その代わりに、「自分の体験をシェアする」。孤軍奮闘している経営者（の卵）にとっては、誰かの「正解」よりも「どうやって自分なりの答えに行き着いたのか」の方に価値があることをジャックは知っています。

「アトツギこそイノベーターであれ」

一般社団法人ベンチャー型事業承継が開催するほとんどのイベントのプロモーションに使われているこのフレーズは、もとはジャックの言葉です。地方でも、会社の規模が小さくても「改革はできるんやで」と伝え続けてくれています。

「アトツギベンチャーと呼ばれる人たちはおおむね崖っぷちを経験している。順風満帆な会社には、イノベーションは起こりにくいと思う。儲かっていると、新しいアクションが先送りになる。でも10年後、20年後、今のままでいけますか？　という話だよね」

崖っぷちに追いやられるたびに、「イノベーターであれ」と自分に言い聞かせながら奮起して乗り越えて来たジャックの言葉に、今まさに壁にぶち当たっている多くのアトツギたちが勇気をもらっています。

企業概要

【会社名】 株式会社 大都

【業種】 DIY用品・工具のネット通販

【事業内容】 BtoB（事業者向け）通販サイト「トラノテ」
BtoC（モール出店）通販サイト「DIY FACTORY」を運営

【所在地】 ◆本社
〒544-0025
大阪府大阪市生野区生野東2-5-3 大都ビル1F

◆物流センター
〒559-0033
大阪府大阪市住之江区南港中7-1-43
GLSロジスティクスセンター大都

◆子会社
DAITO VIET NAM
QTSC Building 1, Plot 34, Street No.14,
Quang Trung Software City,
Tan Chanh Hiep Ward, District 12, HCMC, Vietnam

【代表者】 代表取締役　山田 岳人〔 JACK 〕

【資本金】 1億円

【売上高】 6,690,787,072円（2022年12月度）

【従業員数】 28名（社員：27名、パート：1名）※2023年11月現在

【設立】 1952年6月23日

【公式HP】 https://daitotools.com/

なかがき　わたしの実家の「事業承継」

ここで閑話休題。わたしの実家の話をさせてください。

岡山県にある実家は小さな産婦人科医院を営んでいて、今は末弟のセイジが4代目を継いでいます。

医療の分野はこの本で扱うアトツギのケースとは少し違うのでは、と思われるかもしれませんが、父と弟が直面した状況は中小企業の事業承継の難しさの典型といってもいいようなものだったのです。

もともとは、岡山県北部の村で農家の次男として生まれた曾祖父が苦学して医師となり、無医村だった地域に小さな診療所を開いたのが始まりです。明治時代が終わるころだったと聞いています。そして長男として生まれたわたしの祖父は、母親が弟を出産したその日に亡くなったことから、お産で母親を失う子どもをなくしたいと、産婦人科医を志したそうです。

祖父は終戦後、診療所を継ぎました。村に医者は一人。産婦人科が専門とはいえ、結核から骨折まで、ありとあらゆる病状の患者さんを診ていました。今のような、いわゆる「病院」ではなく、日本家屋を病室にしていたので、わたしたち孫が庭で遊んでいると突然患者さんに遭遇するといった具合で、不思議な場所でした。ちなみに、祖父は戦前、馬に乗って往診していたようです。

そんな田舎町の小さな診療所に嫁いできた祖母は、岡山市で醤油製造を営んでいた藤田千年《せんねん》治《じ》の長女として育ちました（わたしの会社「千年治商店」の名前のルーツはここです）。

祖母はまあ、よく働く人でした。従業員や入院患者の給食をつくり、病室の掃除や洗濯、日々の経理や給与計算と、早朝から深夜まで働き詰めでした。わたしたち家族も病院の従業員と一緒に台所で食事をしていたので、どこからが職場でどこからが家庭なのか、よくわからなかったのを覚えています。

その後、3代目となる父が産婦人科医になります。産婦人科医を志したのも、お産で母親を亡くした祖父（2代目）のたっての希望でした。38歳まで大学病院で勤めた後、内科医の叔父とクリニックを開業。それまで住んでいた家の前にあった敷地で、ある日突然、掘削工事が始まったのを今でもよく覚えています。わたしが小学5年生の時でした。

父親を、毎晩、誰かが訪ねてきます。ある日、勤務を終えて帰宅した父が銀行員らしき人と、何やらヒソヒソ打ち合わせをしているのを立ち聞きしてしまいました。「〇億円」「借入」「返済」……11歳だったわたしは、ドラマの中でしか聞いたことがないような言葉にものすごく動揺したのを覚えています。

開業してからは、産婦人科という性格もあり、父は24時間365日休むことなく働いていました。専業主婦だった母も経理や労務などのバックヤードの仕事を一手に引き受けて忙しくしていました。

自宅は当初、クリニックに隣接していたので、庭で遊んでいると従業員のみなさんから自然に声をかけられるし、職場旅行に連れて行ってもらったり、給食の食材の配達に来ていた魚屋のおばちゃんからお菓子をもらったりと、父の職場は常にわたしたち家族の近くにありました。

父は良くも悪くも感情豊かな人間で、とにかく「キャラの濃い」人でした。

ぼさぼさ頭に無精ひげ、よれよれの白衣に底の抜けたサンダル。こてこての岡山弁で口は悪いけどお人好しで世話焼き。患者さんから、病気以外の重たい人生相談をされることもしょっちゅう。喧嘩っ早いところもあり、相手が患者さんでも理不尽なことを言う人には怒鳴りつける。まさに「赤ひげ先生」を地でいっていました。

人間って、誰かにやってもらうことが好きな人と、誰かにしてあげることが好きな人がいると思うんですけど、父の場合はいつも誰かのため。腹を立てるのも誰かのためだし、嬉しいと思うことも誰かのため。その「誰か」というのがいつも家族以外の誰かなので、子どもの頃は「お父さんは外面《そとづら》がいいんだから!」と腹を立てることもありました。それでも、自分の利益や得のために仕事をしている人ではないことは誰が見てもわかった。父は地域の人々から愛されていたと思います。

わたしは三人きょうだいの長女です。コウジとセイジ、二人の弟がいます。

とても封建的な祖父からアトツギの長男として育てられた父は、コウジをアトツギの長男として扱いました。「長男だから学業優先」とやりたかったスポーツも諦めさせられたコウジは、不幸にも(というべきか)成績がとても良かった。高3の冬、センター試験当日の朝、「もし今年医学部に受からなかったら、来年は〇〇大学のロボット工学に進みたい」と吐き捨てるように言って試験会場に出かけていきました。不幸にも（というべきか）合格。進学と同時に地方で暮らすことになったことを機に、実家には寄り付かなくなってしまいました。挙句に「医者にはなるけど、継がない」と表明したのです。小さなころから「長男プレッシャー」を与え続けてきた父親に対する、彼なりのリベンジだったと思います。その後、呼吸器内科の道に進みました。

姉（わたしです）も兄も家を出ていき、残された末弟セイジに思わぬお鉢が回ってきました。建築学科に進学したかった彼は、結局医学部に進学します。

産婦人科の開業医は過酷な仕事です。日本は少子化で子どもの数は減る一方。医療訴訟も多い領域で経営リスクが高いこともあり、産婦人科を志す医者も年々減少傾向です。赤ちゃんはいつ何時生まれてくるかわかりません。夜中だろうがお正月だろうが対応できなければいけないので、私生活を犠牲にせざるを得ません。だから、わたしにも家族旅行などの楽しい思い出はほとんどありません。せいぜい職場から車で20分以内のお店で外食するくらい。何かのお祝いに出かけたレストランで「さあご馳走を食べよう」と席に着いた瞬間にポケベルが鳴って、父親だけが病院に戻る。そんなことはしょっちゅうでした。でも家族がその状況を自然に受け入れることができたのも、突然の呼び出しにも「よっしゃ」と嬉々として飛び出していく父親を見ていたからかもしれません。

一方で、ストレスを家庭に持ち帰っては母や家族に当たったり、「産婦人科はこれから大変だ」とぼやいてみたりもしていましたから、そんな父を見て、弟たちはクリニックを継ぐ人生にはネガティブな印象を持っていたかもしれません。

それでも結局、セイジは産婦人科を専門に選び、卒業後は大学病院で勤務医として働いていました。父親と同じ道を選んだわけですが、進路を選ぶ時も、その後も、父との間できちんと話し合ったわけではなかったようです。二人の間にはその後もほとんど会話はなく、時が過ぎていきました。

そのうち父も、内心は戻ってきてほしいと思っているにもかかわらず、「あいつも大学病院で最先端の医療の現場にいる。こんな小さな病院に戻すのは気の毒だ」とか、「産婦人科はこれからは食えない」とか、「継がなくていい」とか、「わしの代で廃業する」などと言うようになっていきました。弟にしても、産婦人科で開業することは生半可な気持ちではやっていけないとわかっています。お互い遠慮もあったのか、きちんと向き合って話をすることはなく、その間にクリニックは廃業に向け、どんどん縮小していきました。それでも昔から働いている従業員のかたがたの給与を下げることはなく、父や母はほとんど報酬を取らない形でなんとか続けている状況でした。

そんな中、セイジが「継ぐ」と覚悟を決めて戻ってきたのです。38歳の時でした。それまで専業主婦だったセイジの妻も、経理や給与計算などのバックヤードの業務を母から引き継ぐことになり、事業承継が本格的に始まりました。大学病院で最先端の医療に携わっていたセイジにとって、家業のクリニックはあまりに時代遅れ。戻ってきてからの日々は驚愕の連続だったそうです。

ちょうどその頃、父が間質性肺炎という難病にかかっていることがわかりました。その後、肺塞栓、肺ガンを併発。主治医からも治療法はないと告げられました。皮肉にも呼吸器内科医である長男コウジの専門領域だったので、岡山の病院の主治医と愛媛の病院で働くコウジが連携して、父の治療に当たることになりました。とはいえ、入院するほど深刻な状態ではなく、職場には毎日顔を出していました。

体が思うように動かないイライラも手伝ってか、父はセイジが提案する些細な業務改善にも立ちはだかるようになっていきました。セイジがアトツギとして戻ってくる前は嫁としてあんなに可愛がっていた義妹にも辛く当たることも。ちょっとでも意に沿わないことがあれば心ない言葉を口にすることもしょっちゅうでした。

もうひとつ、セイジにとってきつかったのは古参の従業員たちとの関係づくりでした。セイジが幼稚園の時から働いている従業員からすれば、大学病院で最先端の医療を身につけたとはいえ、いつまでも「セイちゃん」なんですね。セイジが導入する新しい管理システムにもいちいち反発します。そこへきて父親も古参の従業員の肩を持つわけですから、セイジにとって心が折れそうな日々が続きました。「ベテランのスタッフを否定することは、親父がやってきたことを否定することになる」。昔から辛抱強くてめったなことでは不平不満を口にすることはなかったセイジが、「こんなことなら一から自分で始めたほうがよっぽど楽だった」とこぼすようになったことに、わたしたち家族も胸を痛めていました。

毎日同じ職場で顔を合わせているのに、父とセイジが交わすのは必要最低限の業務連絡のみ。経営陣の不穏な空気は、小さな職場をすぐに飲み込み、職場の空気もギクシャクし始めました。最新の知識や情報ではセイジに勝てないことを父はわかっていたと思います。でも地域医療に40年近く貢献してきた自負があり、先代として、父親としてのプライドがある。息子に教えてやる、指導してやるというスタンスから抜け出せなかった。言い訳のように、わたしや母に「あいつがもう少し早く帰ってくることを決めてくれてたら、もっといい状態にしておいてやったのに」と言い出す始末。長年連れ添った母ですら、セイジの肩を持つことも多くなり、父は拗ねた子どものように、ますます扱いづらくなっていきました。わたしも仲介役として何度も間に入りましたが、二人の関係が修復することはありませんでした。

そんな中でも、弟が黙々と進めていった業務改善が奏功し、クリニックは少しずつ生まれ変わっていきました。改革を進めるうえで彼の支えになったのは、めざす医療サービスの姿に共感して一緒に汗をかいてくれる看護師さんが新しく加わったことでした。職場の風土も徐々に変わり、古参の従業員ばかりだった組織もだんだん若返っていきました。

セイジが経営者としての力をつけていく一方で、父の体調はどんどん悪化していきました。ある日、長男コウジから父が重篤な状態だとの知らせがあり、わたしは仕事を切り上げ慌てて帰省。父が緊急入院した病院に駆けつけました。父は酸素マスクをつけながらも、いつものように看護師さんに冗談を言ったり、意識ははっきりしていました。

ちょうど、わたしが傍についている時でした。点滴の針が抜けないように、腕を伸ばしておかないといけないということで、眠っている父の手を握っていました。そこへ、ちょうどコウジがやってきて、続いてセイジ夫婦もやってきました。三人の子どもが揃ったタイミングで目を覚ました父は、いつになく穏やかでした。そして、父の手を握っていたわたしが「そろそろ帰るね」と病室を出ようとしたタイミングで、なぜか握手大会が始まったのです。

わたしへの「心配ばかりかける一人娘として、握手！」に続き、コウジに「長男兼主治医として、握手！」、母には「悪妻として、握手！」、セイジの妻とは「悪嫁として、握手！」といった具合に。握手のたびにみんなで大爆笑です。その流れで、ごく自然に、最後にセイジも父と握手をしました。

「アトツギとして、握手！」

その時、父がセイジに言ったのは一言でした。

「あとは頼んだぞ」

父は、すごく幸せそうで、満足気でした。セイジも、照れくさそうに笑っていました。後から聞くと、すごい力で手を握られたと言っていました。父とセイジのそれまでのわだかまりはその瞬間に、どこかに消えてしまったようでした。

その翌朝、父は静かに息を引き取りました。

お通夜には、それはたくさんの人が参列してくださいました。

従業員や取引先の方々、祖父の時代に働いていた従業員、患者さん、そしてそのご家族……長くつづく焼香の列を見て、わたしたち家族は同じことを感じたと思います。

（ああ、わたしたち家族の歴史はこの人たちに支えられてきたんだ）

喪主を務めた長男のコウジが葬儀の最後に挨拶をしました。父の人生を振り返る中で、自分が家業を継がなかったこと、代わりに継ぐことになったセイジの事業承継の舞台裏に話が及んだ時、セイジの方に目をやると、彼は静かに泣いていました。もともと感情を表に出さないタイプの人間で、わたしは彼が涙を流したのをそれまで見たことがありませんでしたが、さまざまな想いが湧き上がったんでしょう。彼の涙は、アトツギとして戻ってきてからの3年間の葛藤を物語っているようでした。

当時14歳と11歳だったセイジの娘たちにとっても、おそらく父親が涙を流すところを見たのは初めてだったと思います。それまでの数年間、父親がおじいちゃんとギクシャクしていたこと。専業主婦だった母親が経営者の妻となって苦労していること。彼女たちなりにちゃんと気づいています。父親の涙を見て、家業の存在を強く意識した瞬間だったかもしれません。


父が亡くなって7年。もうすっかり弟の理想とするクリニックが実現しています。赤字で引き継いだ経営も今はかなり安定しました。セイジは父からの事業承継を振り返ってこう言いました。「あの3年間は本当にしんどかった。親父は何を提案しても不機嫌そうにする。陰で文句ばっかり言ってたのも知っている。でも、なんだかんだ言って結局全部やらせてくれてたんよ」

産婦人科は患者さんの口コミに左右される仕事です。父がここで40年近く医療に従事してきたことによる知名度や信頼は想像以上に大きかった。親子2代で通院してくれている患者さんが多いのです。古いながらも建物や設備が残っていたことも大きかった。新規で開業していたら大規模な借入れが発生し、資金繰りも大変だったはずです。セイジは今、父親が築いた有形、無形の資源を引き継いだことを実感しています。

「学級委員長もしたことないし、部活でもキャプテンもしたことないのに」経営者になることになったセイジ。トップダウンでボスキャラだった父と違って、ボトムアップでチームをつくるのが彼のやり方です。今の時代、どこの医療現場も深刻な人材不足なのに、郊外の小さなクリニックに、大学病院や国立の医療センターでキャリアを積んだ助産師さんや看護師さんがどんどん転職してきて、セイジを支えてくれています。「最先端の医療現場にいた人たちがうちで働いてくれる。彼らが毎日面白い、充実していると思える職場にしたい」。新しいサービスもどんどん誕生し、活気ある職場になっています。

父と同じく、24時間365日、クリニックからの呼び出しにスタンバイ。家族で楽しく食事をしていても、呼び出しがあれば、自転車に乗って一人でクリニックに向かう日々。夫と息子の間で心を痛めていた母も、その姿を見て「セイジも結局、お父さんと同じような仕事の仕方してるわ」と笑っています。

ある時、セイジが「実家の庭でスタッフやその家族も全員でバーベキューをしたい」と言い出しました。総勢30人以上。躊躇する母親に弟がつぶやきました。「今のスタッフのみんなに、親父に線香上げてもらえるし……」

最近になって、彼は柄にもなく、花を買って一人でふらりと父の墓参りをしているそうです。「一人で行くのが好きなんよ」と言うので、「なんで?」と尋ねると、セイジはしばらく間を置いてから言いました。

「二人っきりになりたいからかな」

たぶん今だから、先代である父親に相談したいこと、報告したいことがあるんでしょう。

あのしんどかった3年間のことを、わたしたちもようやく笑い話にできるようになりました。

そこで思い切ってセイジに聞いてみました。今まで長い間、気になっていたのになんだか気を遣って聞けなかったこと。

「継ぐかどうかの話なんてまだ出てなかったのに、なんで産婦人科を専攻したの？　義務感があったの？」

すると、セイジは驚いたような顔で言うではありませんか。

「え？　違う違う。研修医の時に、いろんな科をまわって、チーム医療で小さな命をとりあげている様子を見て、単純に一番面白そうだと思ったから。自分で決めたよ」

えええ？　そうだったの？　その場にいた母も一緒に驚いていました。

「継ぐっていうのも、誰かのために仕方なくとかじゃないから」

医学部に行ったことも、産婦人科を専攻したことも、家業を継いだことも、「セイジは自分の人生を犠牲にした」。そう思って長年モヤモヤしていたのは、実は周りの人間だけでした。

（お父さん、聞いてた？　セイジはちゃんと自分で選んだんだって！）

家族だからややこしい。家族だから切ない。そして家族だから、強い。

我が実家の事業承継はこうしてようやく終わったのでした。

第4章
人生の幸せと、仕事のモチベーション

木村石鹼工業株式会社　木村祥一郎社長

ずっと不思議でした。なぜ、資源もない小さな島国の日本が経済大国になれたのか。ほかの国の方と比べて、日本人がとびぬけて優秀だとは思えません。

わたしは、日本の競争力の礎は、長寿企業がたくさん存在していることだと考えています。長く続く企業の経営者に共通しているのは、規模の拡大や事業の急成長以上に「会社の存続」を最優先に考えている点です。会社が存続するために、社員や取引先を大切にしなければならない。変わり続ける社会で必要とされる会社であり続けるために、自分たちも変化しなければならない。そういったことを、長く続いてきた会社の歴史から学んでいるのです。

世の中の老舗のイメージは保守的で権威的なものかもしれませんが、実際は逆です。遊び心がある商品や新規事業を開発したり、おおらかな社風が根付いていたりと、長寿企業のほうがイノベーティブかもしれません。

日本経済大学の後藤俊夫先生の調査によれば、200年続く企業の数は日本が断トツで1位

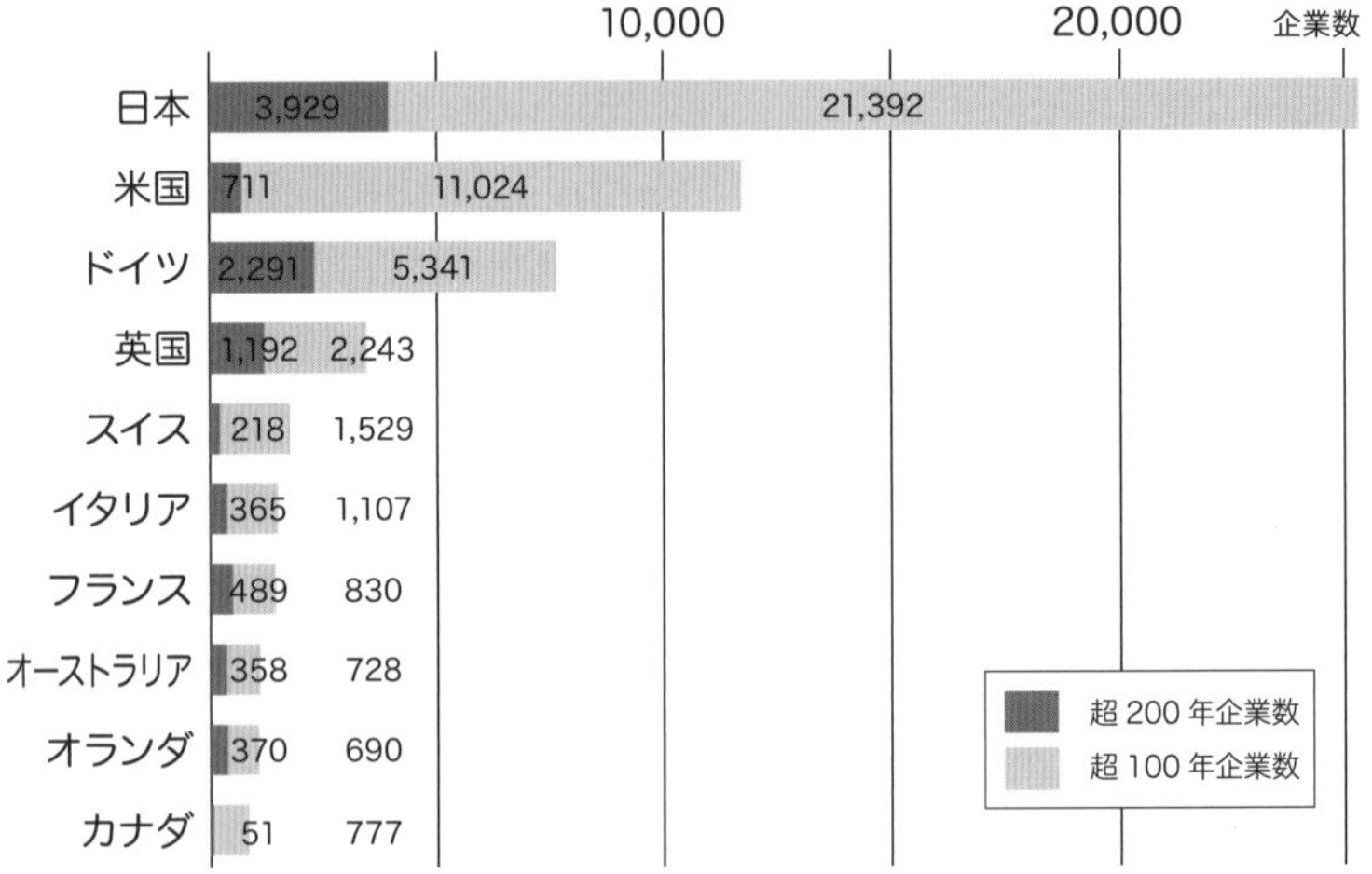

長寿企業の件数累計（作成：日本経済大学大学院　後藤俊夫特任教授／2021）

です。

後藤先生によると、諸外国に比べ戦争が比較的少なかったことや、家督や墓を守るという意識が強いこと、農耕民族で土地に根差して生きてきたことによる影響などが理由として考えられるそうですが、いずれにせよ、世界で会社が最も長く続く国であることは、日本の顕著な特徴のひとつといえるでしょう。

この事実を知った時、これまでに取材してきた社長たちが異口同音に語っていた「引き継いだ会社を自分の代で潰すわけにはいかない」というフレーズがよみがえりました。

現代では中小企業の後継者不在問題が大きな課題となっています。世界一の長寿企業大国は、近い将来、過去の伝説となってしまいかねない状況です。しかし、厳しい条件下でも家業を生まれ変わらせ存続させようと孤軍奮闘しているアトツギたちが今もいることも確かです。

彼らはなぜ家業を継ぐのか。彼らはなぜ挑戦をするのか。彼らの内発的な動機を周囲が理解し、彼らの挑戦を応援する環境づくりが求められています。

アトツギ最大の経営課題は「ヒト」

わたしが主宰する学びのプラットフォーム「アトツギファースト」には、新規事業開発や業務改善を目的に若い世代の経営者が集まっています。彼らが最も悩んでいるのは「ヒト」の問題——つまり組織づくり、チームビルディングです。

ともに働くメンバーを一人ひとり自らが選んで船に乗せていくスタートアップと違い、親の時代からの社員がすでに船には乗っていて、そこに自らが新しい船長として乗り込むのがアトツギです。

多くの場合、これまでの船長（先代）もまだ船を降りずに、現場を取り仕切っている。新規事業のために人材を新たに採用できるような体力がある会社は少ないので、昔からいる船員（社員）のモチベーションをいかにあげていくかがカギですが、これが本当に難しい。年上の社員ばかりで、危機感を共有してくれるどころか、「ただでさえ毎日の仕事が忙しいのに」と、業務改善や新規事業を始める意味すら理解してもらえない。新規事業で孤軍奮闘していても「遊んでいるみたいなもの」と思われる。このプロセスで心が折れる人は少なくありません。

本章では、わたしが全国のアトツギにお手本にしてほしいと思っている経営者を紹介します。

木村石鹼工業の4代目社長、木村祥一郎さんです。

木村石鹼工業は「洗う」を徹底的に究めるユニークな会社です。

1924年の創業以来、職人が五感をフル動員する「釜焚き製法」で石鹼を丁寧に手づくりし続けてきました。

従業員は現在58名。「スニーカー専用洗剤」「製氷機専用洗剤」「白Tシャツ専用洗剤」などの用途別洗剤だけでなく、そもそも石鹼で落とすべきカビが生えないようにする「アロマで防カビ」などの画期的な自社製品を次々に開発・発売。新しい製品が出るたびに、「ニッチ過ぎる！　でもこういうのが欲しかった！」とSNSを中心に話題になり、熱狂的なファンが増え続けています。

「リベラルアーツ経営」と名付けた経営哲学

木村さんが4代目社長として家業に戻ったのは2013年。以来、画期的な自社製品を次々と送り出しているのですが、木村石鹼工業が注目されているのは、「非効率」で「古臭い」と同業他社はやらなくなった釜焚き製法を前面に押し出して、会社のリブランディングを成し遂げたこと。その根底には、利益の向上や規模の拡大といった目に見える成果ではなく、「社員が幸せに働ける会社」を目標にした、ボトムアップの組織づくりがあります。

「社員が幸せになることに手を抜かず集中したら、結果的に会社の業績が回復したんです」

木村さんは、なんでもないことのように、そう語ります。

40代で家業に入った木村さんは石鹸に関する知識も技術も持ち合わせていませんでした。何か新しいことをやってやるぜというようなギラギラしたところもなく、決して強いリーダーというわけでもありません。ただ、自分自身がスタートアップで取り組んできた組織づくりに力を注ぐことに集中します。その際に意識したのがリベラルアーツの領域でした。リベラルアーツとは、現代では一般教養や人文科学と訳されることが多いのですが、もともとは古代ギリシア・ローマ時代に誕生した「自由になるための学び」という概念です。

「リベラルアーツという言葉の定義は難しいけれど、人がより良く生きるために必要な考え方や知識だと僕はとらえています」

わたしが、木村さんと初めてお会いしたのは、2015年。現在の主力製品となった、木村石鹸初の自社ブランド「SOMALI（そまり）」の発売を数か月後に控えたタイミングでした。

八尾の工場団地の一角にある古い建物に到着すると、2階にある会議室に案内されました。階段を昇り、靴を脱いでスリッパに履き替えます。顔を上げると、壁には「履物は揃える」とか「きちんと挨拶をしよう」とか、随所に標語のようなものが貼られているのが印象的でした。

そして、社員の皆さんがとても楽しそう。誤解を恐れずにいえば、なんだか大学の文化祭かサークルのようなノリ。楽しいのはいいことです。でも楽しいだけでは会社は成り立たないいんじゃないの？　ところが、木村さんが家業に戻ってから売上は倍増しています。いったい、どうしてなのでしょう？　木村さんの話のなかに、その答えを探してみましょう。

CASE 4

木村石鹼工業株式会社　代表取締役社長　木村祥一郎

究極に無難な石鹼で世界を変える

「ずぶの素人」だからできる最強のチームビルディング

自由に強くあこがれた子ども時代

小学生の頃の作文で「将来なりたいもの」として、父親と一緒に町を歩いていた時に見かけたホームレスについて書いたという木村さん。自由に生きられてうらやましいと思ったのだという。作文を読んだ担任の先生からは相当激しく怒られたが、ふざけたわけではなく「本心だった」。たった10歳くらいの子どもが「自由」のためなら家を捨てたいと本気で願うほど、家業の呪縛、4代目としての未来への束縛に苦しんでいた。

物心がついた時には当たり前のように「家を継げ」と聞かされていた。長男だから当然だという親に対して、なぜ自分じゃない人が勝手に自分の人生を決めるんだろうという疑問と反発をずっと抱えていた。

「なんでこういう家に生まれてしまったんだろう」

当時の木村少年は、父が社長であることに対してネガティブな気持ちしか持てなかった。

父親は何でも自前でやるタイプ。木村さんが小学1年生の時に、当時1階だけだった工場を

3階まで増設した際には、鉄板を買ってきてネジをつくり、溶接から配管までを家族総出でやりきった。家族で過ごす時間がたくさんあったことには感謝しつつも、自分の人生を家業に重ねることはできなかった。

「『継げ』と言われて育ったけど、家業を継ぐ気は一切なかったんです。レールを敷かれていることに反発もあった。それに、今は大好きですけど、当時は八尾という町も好きじゃなかった。道を歩けば金属を削った端材がそこら中に落ちているような工場街。文化みたいなものが感じられなくて、とにかく大学からは家を出ようと思っていたんです」

高校卒業後、計画通りに京都にある同志社大学に入学し、家を出た。アートや文学が好きだったので、文学部で芸術学や美術学を専攻した。映画や音楽に没頭する毎日。「モラトリアム学生の典型」で、仕事をすることに対しては非常にネガティブだった。映画サークルの二つ上の先輩と一緒に「自分たちで撮った映画をインターネットで流せたらいいよね」くらいのノリで起業する流れになった時も、ビジネスを始めるという感覚ではなかったという。当時はインターネットビジネスの黎明期。コンピュータを持っている学生はまだまだ少なかった頃で、大学でコンピュータをいじっている木村さんを見た先輩から「コンピュータ得意なんやろ?」と誘われたのが始まりだった。

こうして大学在学中の1995年に起業したのが、日本では初めての本格的な商業検索サーチエンジンを開発した「ジャパンサーチエンジン」(現株式会社イー・エージェンシー)だ。マイクロソフトの「ウインドウズ95」が発売され、米国でYahoo!が創業した年。木村さんの会社の初めての売上は、ある映画イベントのパンフレットをウェブサイトに掲載する仕事だった。

サークルのノリの会社で10数人の学生が集まっていろいろなことを手掛けたが、卒業後はみんな就職していった。創業メンバーの木村さんと二つ上の甲斐真樹《まさき》さん（現株式会社イー・エージェンシー社長）だけは就職を選ばずに会社を続けることに決めた。

「食べるのも精一杯だったけど、夢中で楽しかった」

検索エンジンを開発している会社が他になかったということもあって、木村さんたちの会社はどんどん成長していった。驚くような大企業から直接仕事を受けることもあった。

ITベンチャーブームに乗り、会社はデータ解析やデジタルマーケティングの領域で急成長。甲斐さんが社長、木村さんは商品開発やマーケティング担当の副社長として、米国企業との業務提携の話をまとめにニューヨークへ飛んだり、年に何度も新サービスを公開したりする忙しい日々を送った。勃興期のインターネット業界にはベンチャー志向の優秀な人材が次々と集まり、国内外に150人の社員を抱えるまでになった。

「何をするかより誰とするか」

どんなに大きな組織になっても、いわゆる「普通の会社っぽく」はしたくなかった。というのも、会社というのは何かを成し遂げるためにあるのではなく、一緒にいて楽しいと思える人たちとの「場所」でありたいと考えていたからだ。お金がなくて生きていくのが精一杯で、会社の未来に関する構想さえ描けない時も「その感覚を忘れずにやっていきたいよね」と、甲斐さんと二人で熱く話し合っていた。

だが、創業から10年を超えるようになって、取引先から「君らは大人の会社じゃない、大人になれ、このままでは会社としてダメだ」と言われることが増えた。学生起業だったので、当然、他の会社で働いた経験はない。返す言葉がなかった。会社の成長につれて他社でキャリアを積んだ人を中途採用で採ることも増えていった。彼らから会社のありかたを批判されることもあって、「面白かったらいいやんか」というサークルのノリでやってきたことに迷いを覚え始めた。

株式上場を考えたこともあったが、うまくいかなかった。「とにかく成長だ！」と社員を300人にしようなんていう目標を設定した時期もあり、1年で80人を採用したりもした。成長を最重要視すると、規模の拡大、売上拡大が目的になる。採用基準が企業の価値観に合うかどうかというカルチャーフィットよりも能力を優先するようになって、次第に社内の雰囲気がおかしくなっていった。会社のカルチャーが好きだからという理由で長年一緒に働いてくれていた仲間が次々に辞めていった。

「やっぱり自分たちが組織というものを知らないからだ」と思わざるを得なかった。外部からアドバイザーを迎えて、いろんな制度やルールを導入しての試行錯誤が始まった。

2度の事業承継に失敗！

木村さんが共同経営者の一人として東京で「経営」に没頭している間ずっと、木村石鹸3代目社長である父親は、息子が実家に戻り家業を継いでくれる日を辛抱強く待っていた。

1985年、当時会長だった祖父が突然病気になり、その看病と経営の二足のわらじで細やかに手が回らなくなって事業で赤字を出してしまった。100年近い歴史で初めてのことだった。その時父親は、仕事は社員に任せ、自分は父の看病に力を入れようと決断した。当時の社員たちに経緯や想いを包み隠さず話したところ、反発されるどころか、全員が一丸となって新製品開発や販路拡大に奔走した。父親はあまり会社にいられなくなったが、業績はすぐに回復したという。

その後、父親は当時の工場長に社長の座を譲る。2001年のことだ。自身の健康状態があまり良くなかったが、いつまで経っても「あてにしていた息子は帰ってこない」。そろそろ本気で後継者を作らないとまずいと考え、息子が帰るのを待つことを断念し、いわゆる社員承継をしたのだ。

これが、うまくいかなかった。

新社長は売上至上主義で、業績はそれなりに上がったが、「失敗したら責任を取らされる」「ミスをしたら怒られる」というムードがまん延し、のびのびと仕事ができないような雰囲気に次第になっていった。当時を知る社員は、「暗黒時代だった」と振り返る。経営方針が売上至上主義に変わってからの7年間で社員はすっかり憔悴し、不平や不満が溢れていた。

「助けてくれ」

どんどんギスギスしていく会社の状況を見かねた父親が、ある時東京にいる木村さんを訪ねてきて、そう訴えた。

相談を受けた木村さんは、自分が帰ることは考えられなかったので、組織づくりが得意な知人を経営者候補として紹介した。外資系企業やベンチャーで経験を積んだ人で、中小企業の経営に興味を持っていたからだ。それなのに、残念ながら今度もうまくいかなかった。町工場の木村石鹸に外資やベンチャーの制度やマネジメントスタイルを導入しても、混乱が深まるばかりだったのだ。

2度の事業承継に失敗して、いよいよ途方に暮れる父親。その姿を目の当たりにして、ついに自らが家業に入るしかないと考えるようになった。とはいえ、東京での仕事を辞めるつもりはなく、共同経営者の甲斐さんに「今の仕事を続けながら、家業も助けてやりたい」と相談をした。

ところが、甲斐さんからはこう言われた。

「家業をやるのなら、それだけに専念すべきだ」

家を出て東京のＩＴベンチャーで仕事をしていた息子が、本業の片手間に助けに来たなんていうのは木村石鹸で働いている人たちに対して失礼だ。しかも、そんなスタンスでは苦境に陥っている会社をまとめることはできない、と。

その言葉に納得してうなずきつつも、この時、木村さんは、正直なところ「なんで自分が戻らなあかんねん」と思っていたという。

（結局、自分が生まれ育った環境、つまりアトツギであることに人生を左右されてしまうのか……）

とはいえ、もめごと続きの家業をこれ以上放っておくこともできなかった。会社を辞めて実家に戻る決心をした木村さんは、その時、こう考えていた。

「3年くらいで家業を整理して、けりをつけて、また元の仕事に戻ろう」

事業の根底にある想い

2013年、木村さんは家業に入った。

2度の事業承継に失敗していた当時の木村石鹸の従業員たちは、「都会」から戻ってきたアトツギを「会社のことをいろいろとわかっている身内の後継者がやってきた」と、温かく迎えてくれたという。それほどに、事業承継に失敗していた数年間は「暗黒時代」だったのだ。

当時の社員は20数名、7億円前後の売上は、主にOEMによるものだった。年によって増減は多少あるものの、売上は、ほぼ横ばい。にもかかわらず納品先の企業からは、毎年値下げを要求される。原料費の高騰という事情もあり、利益を出すのが年々難しくなっていた。帰ってきた木村さんが最初に直面したのは、悪化する一方の厳しい経営状況とともに、「自分は会社のことをまったく知らない」という現実だった。

子どもの頃から手伝いをさせられていたので、会社(工場)は身近な存在ではあった。だが、石鹸の製造には興味がなかったし、詳しく知りたいと思うこともなかった。木村石鹸の製法の大きな特徴でもある「釜焚き」についても、言葉だけは知っていても意味を知ろうとはしなかった。アトツギであることがとにかくイヤだったので、意識から遠ざけていたということもあったかもしれない。

戻ってきたからには、そんなことは言っていられない。会社の数字を見る限り、すぐにでも何らかの手を打たなければならない状態なのだ。会社のことを知らないままでは、どんな手を打つべきかなど決められるわけがない。父と、はじめてゆっくりと会社について話をする時間を持った。

木村石鹸を興した初代の曾祖父は、最初は石鹸ではなく歯ブラシの製造を行っていたが、ある時銭湯で「石鹸は油からできている」ことを教えられて、汚れ（油）を石鹸（油）で落とせることに感動し、石鹸づくりの修業を始めたという。

創業のきっかけを得たのが銭湯だったからというわけでもないだろうが、初代から数えて3代目となる父親は石鹸の製法による業務用浴場洗浄剤の開発に取り組んだ。その頃、銭湯の床を洗う洗剤は強い酸性のものが主流で、作業する人への負担が大きかった。それを石鹸で代用できないかと考えたわけだ。だが、風呂床の汚れのほとんどはアルカリ性。それを同じくアルカリ性の石鹸で落とすというのは「常識外」で不可能だと思われていた。それでも父親は銭湯に通い詰めて研究を重ね、数年後に商品を完成させた。使う場所にも、人にも優しく、さらに安全性が高いということで、この洗浄剤は一気に普及し、木村石鹸の名を高めたという。会社の事業の根底に、使う人や環境に「安心」や「優しさ」を提供するという想いがあることを、木村さんはこの時初めて知った。

「釜焚き」製法についても、同様だ。植物性油にアルカリ剤を混ぜ、熱を加えて反応を促すこの石鹸製造方法はとにかく経験や職人の感覚が求められる。天然の油はロットや季節によっても微妙な違いがあり、職人は毎回、湿度や温度、油の状態などを加味して微妙な調整を繰り返す。石鹸が焚きあがるまで毎日約7時間、熱い釜に職人はつきっきり。手間がかかるので、今ではやっているところは少ない。それなのに、木村石鹸が釜焚きにこだわってきたのは「単に親父が釜焚きを好きだったからです。一度止めてしまったらまたやろうと思っても復活させるのは難しい。親父はそう考えていたので、社内的には釜焚きは止めたほうがいいんじゃないかという声もあったのですが、頑として首を縦に振らなかった」と木村さんは明かす。

「石鹸」は、洗浄剤の中ではとても重要な原料の一つだ。しかも、他の原料に較べて歴史が長く、その歴史の長さが安全性の保証にもなっている。木村さんの言葉を借りれば、石鹸には「ある種、究極の無難さみたいなものがある」のだ。その原料を自社で製造し、性能を調整できる木村石鹸は、他の会社が「石鹸」でやらないことをできる。これは大きなアドバンテージだった。


ところが、父親をはじめ、木村石鹸の社員たちは誰も、そのことを何か特別なことだとは考えていなかった。石鹸というのは、人の生活の中であまりにも当たり前のようにふんだんに使われる商品なので、いちいち立ち止まって「石鹸とはどうあるべきか」なんて考える人は少ない。消費者が石鹸について知っていること（あるいは、知りたいという気持ち）がそもそも少ないことに木村さんは気づいた。


そして、つくっている側も、そのことを当然だと思っている。石鹸づくりに込められた思いを伝えようなんて、これまで木村石鹸の誰も考えなかったのだ。これほど丁寧に、いわば哲学を持ってやってきたというのに。

「これを、どうにかして伝えたい」

戻ってきて初めて、やりたいことが見つかった。

「メーカーは消費者に誠実でなければならない」

前職のITベンチャーでクライアント企業のマーケティングにかかわる仕事をしていたことが役に立った。ある商品を好きになりファンになるためにはストーリーが必要だ。モノがあふれている現代では、単純にスペックの優位性だけではさほど興味を持ってはもらえない。木村石鹸が長く続けてきた釜焚き製法を、ストーリーとして発信しよう。まずはそう決めた。「外の人の目」を持ったアトツギが家業の価値を再発見するところから、木村石鹸の初めての自社ブランド「SOMALI」プロジェクトは始まった。

石鹸の歴史は、非常に長い。紀元前からあったようで、その安全性は長い歴史によって証明されている。最近では石鹸に代わる成分が次々と開発され、どんどん進化しているが、それら新しい成分の歴史はせいぜい100年程度。その使用によるアレルギーや遺伝的な影響については、今の時点ではまだ誰にもわからない。

「メーカーは消費者に誠実でなければならない」というのが、木村石鹸の終始一貫した態度だ。世に出回っている商品には、化学成分や添加物の不使用をうたう一方で、それらの効能を補うために別の、より刺激が強い成分を使っているケースもある。消費者が知らないのをいいことにそういう不誠実な商売が横行している現状に何か一石を投じたくて、木村石鹸では、本来メーカーとしては「守秘」対象である作業工程や原料をほぼすべて公表している。

素材に自信があるからこそたどりついたのが「素材のかたまり」という意味を込めて命名さ

れた「SOMALI」だ。純石鹼（１００％無添加で、脂肪酸ナトリウムと脂肪酸カリウムが98％以上の石鹼）と天然素材のみで、多様なラインナップ商品のすべてがつくられている。ハンドソープ、ボディソープ、台所用石鹼、バスクリーナー、トイレクリーナー、洗濯用液体石鹼、衣料用のリンス剤など多岐にわたって展開されているが、いずれも油を焚く伝統的な製法で石鹼をつくり、洗浄する場所に合わせて脂肪酸の配合率などを変えて、異なった商品に仕上げている。

「SOMALI」の開発は、木村さんを含めた3人だけでスタートした。つくろうとしている商品を扱える既存の販路はなかったため、ネットでの直販をメインにしようと考えた。木村さん以外の二人のメンバーはネット担当の20代の女性、そして、製造業務担当の男性だ。商品開発のことが当時はまるでわからなかった木村さんに代わり、彼がプロジェクトを実質的に回していくという重責を担ってくれた。

「SOMALI」シリーズの最初の商品には、石鹼を選んだ。それは、自社ブランド「SOMALI」を通して木村石鹼という会社をブランディングするという、帰ってきたアトツギである木村さんの決意の表明だった。だから、この石鹼の売上で大きな数字のインパクトを出すということはあまり意識していなかった。

「そんなちっぽけな売上のために、自社ブランドなんか意味があるの？」という批判的な意見も、社内には当然あった。それに対して、自社ブランドはＯＥＭに比べて利益率が高いこと、また、自社ブランドによって会社のプレゼンスが上がればＯＥＭ事業の仕事のバリエーションも増やせることなどを丁寧に何度でも説明した。「とにかく、やってみようよ」と。

だが、この時、表面的には失敗を恐れないチャレンジだと見せながらも、絶対に失敗するわけにはいかない切実な理由が実はあった。木村さんが戻る前に、かなり大きな資金を投入して始めていた新規事業が大失敗し、大変な量の在庫を抱えてしまっていたのだ。「SOMALI」の開発は、この失敗の処理と同時進行で進めざるを得ず、「かなりキツかった」と木村さんは振り返る。社内には、「今度も失敗するんちゃうか」という不穏な空気が漂っていた。

もしも「SOMALI」が失敗したら、新しいことに挑戦するという気持ちを社員が2度と持てないのではないか、という深刻な懸念があった。

「失敗するわけにはいかない」

そのプレッシャーを木村さんは一人でひっそりと抱えていた。

自分がやり始めたことを最後までやり切るのが責任

2015年、「SOMALI」リリース。

販路の開拓先として、大手メーカーが敬遠する小規模の雑貨屋やインテリアショップを狙おうと決めた。デザイン性を重視した商品を扱う展示会「DESIGN TOKYO」に出品したところ、多くのバイヤーから高評価を受けることができた。「SOMALI」ブランドは、順調なスタートを切った。

そして、1年後。会社の変化が肌感覚で感じられるようになった。まず、開発に対する意欲が会社全体で盛り上がっていった。木村さんが戻ってきた2013年には年間10件程度だった開発案件数が、いつのまにか50件を超えるようになっていた。これは、自社で開発した商品が街中で売られるようになったことが大きかったようだ。センスの良い雑貨屋などで売られているのを見つけて、社員が家族にドヤ顔で自慢しているといったエピソードも漏れ聞こえてきた。

営業担当と開発担当の関係が密になり、活発なコミュニケーションのおかげもあって、社内の人間関係がどんどん深まっていった。

この変化は、木村さんにとって、本当にうれしいものだった。というのも、戻ってきたころのどんよりした社内の雰囲気が頭を離れなかったからだ。社員一人ひとりに意欲がまったく感じられない。笑顔もほとんど見られない。なんだか会社全体がピリピリしている。古参の社員の一人に「なんでこんなことになってるの」と聞いた時に返ってきた答えは今も忘れられない。

「うちの会社は、言ったもん負けなんですよ」

なにかチャレンジしたいことがあっても、その結果失敗したら、言いだしたものが責任をとらされる。だから、営業が出す開発依頼書を開発部門は受けたくない。何かとケチをつけて差し戻す。営業部門も、責任が降りかかってくることを恐れて強気に出ることができない。20数人（当時）の会社なのに、稟議書の決裁のハンコの欄には五つ以上のハンコが並んでいた。誰もが自分が責任をとることから逃げていた。

「そうか、失敗することよりも失敗の責任をとることが怖いのか……」

そう気づいた時、責任の定義を変えることを決めた。

自分が決めたことでトラブルになったり失敗したりした時に、その結果について罰を受けることは責任ではない。

「自分がやり始めたことを最後までやり切ること、それが木村石鹼における責任だ」

木村さんは、社員みんなにそう伝えた。同時に、稟議書も撤廃。開発依頼書も廃止した。今、木村石鹸では、つくりたい商品のアイデアがある人は、部署や年次に関係なく、チャレンジすることができる。自分だけではつくれないと思ったら、開発担当者を自分自身で口説けばいい。売ることからの逆算で製造方法や成分を決めるのではなく、まず、自分が本当にいいと思えるものをつくり、その上で、それをどう売るかを考える。「SOMALI」の成功がきっかけとなり、そんなスタイルが次第に浸透していった。

チャレンジの過程で思わぬ副産物が生まれる

2016年、木村さんが4代目の社長に就任。その後も、開発着手件数は常時50件くらいで推移している。この数字は、社員数40名程度の規模の町工場としてはかなり多い方だろう。

そして、この開発案件の内容に、社長である木村さんは「ほとんどノータッチです」という。詳しいことは知らないし、打ち合わせに顔を出すこともない。途中で社長が口を出してもいいことなんてないですよ、と笑う。

「なんか楽しそうにやっているなあって眺めています」

だからなのか、時折、「誰が使うねん！」という、とんでもなくニッチな製品が出てきたりもしているという。

社員それぞれがつくりたいものをつくる。当然、商品化には至らないケースも多い。だが、それは失敗ではない。その意識をみんなが共有して「目指しているもの」に向かってとことん究めようとしているということが重要なのだ。チャレンジの過程で思わぬ副産物が生まれることもある。

たとえば、結露防止剤。木村石鹼でも長年の課題として開発を続けているが、まだまだ完成はできていない。けれども、チャレンジをくり返す中で蓄積した親水と撥水の技術を組み合わせて、速乾性の浴槽洗剤や鏡の曇り止めが生まれた。これらは、どちらもヒット商品となっている。

小さな会社なので、基礎研究部門を独立して持つことはできないが、開発に着手した案件がたくさんあるおかげで、リアルなノウハウや知識がどんどん蓄積されている。営業担当者の「引き出し」も増えるので、OEMの提案の幅も広がっている。

八尾の町工場に、京都大学の院卒博士が入社！

採用の場面でも大きな変化が現れた。2019年には京都大学の大学院で博士号を取った学生が木村石鹼に入社した。学歴から考えれば、他にも多くの選択肢があったに違いない。それなのに八尾の町工場に就職することを決めた理由は何だったのか。木村さんの問いに、彼はこう答えたという。

「ここは、自由だから」

木村石鹼の採用基準は、ただひとつ。「いい人」であること、だ。

そう考えるようになったのは、過去に手痛い失敗をしたことが大きい。ある年、必要としている分野で高い能力を持っている人を採用できた。ところが、この人は、自己承認欲求がものすごく強かった。結局、その人ひとりに社内全体が振り回されることになった。

誰彼となくつかまえては「自分は評価されてない」という愚痴をこぼす。他の社員のスケジュール表を見て、働きかたに文句をつける。挙句の果てには、社員に関するうわさをあることないこと触れ回ったりしだした。仕事の能力はすごく優秀だったが、周りの人の時間を奪い、疲弊させ、組織をギクシャクさせてしまう人だった。

小さな会社ゆえに、たった一人のために、組織が混乱してしまうことを身に染みて実感した。前職のＩＴベンチャー時代、会社が急成長するタイミングで価値観の共有よりも能力を優先してしまったことがあり、会社が大混乱に陥ったことも思い出した。2度と同じ轍は踏みたくない。「いい人かどうか」「いい人柄かどうか」を能力よりも技術よりも、最優先することを決めた。

木村石鹸では、採用試験の際の一次面接を基本的に社長の木村さんが担当している。「うちはこういう会社です」と、ネガティブなことも隠さずに伝えている。小さな会社ゆえに、社内環境の整備や教育制度など、まだまだ十分にできていないことも多い。基本的に残業をさせないというのも、嬉しいメリットだと感じる人もいる一方で、もっと仕事がしたいという人は別の感じ方をするかもしれない。様々なデメリットを知ったうえで、それでも入社を希望する人だけが残るので、入社してからのミスマッチはほとんどないという。

「うちの社員はみんな『いい人』なんです」

木村さんはにこやかにそう語る。社員同士が互いに好感を持ち合っている。ビジネスの場においても、仲間を好きになれるかどうかはとても大事なことだ。相手への好意があるからこそ自然に助け合ったり、許し合ったりできる。

「うちの会社にはこれからも危機が訪れることでしょう。その時最終的に力になるのは、働いている人同士の関係、働いている人と会社の関係だと思います」

会社の「文化」は無上の財産

突然戻ってきたアトツギという立場ながら、決裁処理を撤廃し、社員に好きなようにものづくりをやってもらう方針に切り替えられたのは、社員を心の底から信頼できたからだ。社員には、とにかく真面目な人が多い。生真面目というくらいに本当に真面目な性格の人ばかり。こういう社員、社風を時間と手間をかけて丁寧に育ててきたのが先代である父親だということに、木村さんはある時気づいた。

「文化」づくりや社内の雰囲気づくりというのは一朝一夕にできるものではない。前職時代も経営陣の一人としてかなりの労力を投じて取り組んだが、社員の意識を変えるのは非常に難しかったという経験がある。それなのに、木村石鹸には確かな「文化」があった。

「時間を守る」「嘘をつかない」というような、人間として大切にしたい基本的なこと。親孝行をする、先祖を大事にするという、過去の先人たちへの感謝。また、関わる人すべてに感謝の気持ちを持つというようなことの価値を、父親はじっくりと時間をかけて社内に根付かせてきたのだ。

たとえば、木村石鹸では、毎年4月を親孝行強化月間と称して、親孝行や家族のために使う資金として一律1万円を全社員に支給している。これは先代の時代に始まり、いまや恒例行事となっている。「社員を幸せにしたいという想いが、父親は、尋常じゃないんです」。経営から退いた今も「社員を幸せにしたってほしいねん」と繰り返すという。

「親父はまさに昭和の父親です」

理不尽なこと、不条理なことにはすぐに怒る。でも、すぐに忘れる。切り替えが早い。そして、誰よりも社員や社員の家族のことを大事に考えている。残業や休日出勤なんてさせようものなら大変だ。「社員の生活を犠牲にするな、家族を犠牲にするな」と詰めよってくる。社員が幸せになるかどうかが常に判断の最上位にある。業績がよくなかった時期に、社員の昇給について相談した際にも「1円でもいいから上げたってくれ、かわいそうやんか」と懇願する。経営者として社員を守るという範疇を超えて、父親にとって社員は本物の家族みたいな存在であることを痛感した。

お互いを信頼する関係性の素晴らしさに気づけたのは、いったん外に出て、揉まれたからこそかもしれない。社員も文化も含めた木村石鹸という会社を守っていきたい。子供のころに感じていた父親への反発が、いつしか尊敬に変わっていった。

今も木村石鹸では、社員の幸せは会社の論理よりも上位に置かれている。たとえば「子どもの具合が悪いので、今日は休みます」という社員に対して、だれも違和感を持たない。それどころか、家庭の事情を押して無理して出勤しようものなら「もっと家族を大切にしろ！」と言われてしまう文化が根付いている。

社員間だけの話ではない。仕入先に対しても、「あなたの幸せの方が大事」という想いが同じように働く。だから、値引き交渉はしない。相見積もりも取らない。支払い条件はきっちりと守る。どんな人も、自分が組織の一部品ではないこと、また、会社の論理に個人の幸せが埋没しないことを体験することで、自発的に助け合いが生まれ、会社に対する愛情やコミットが育っていく。

「しんどい時は一回笑え」

今のどっしりとした落ち着きと穏やかな優しさを併せ持つ木村さんからは想像しにくいが、子どもの頃は、メソメソと泣いたり、いつまでもうじうじと引きずっていたりするようなタイプだったという。

そんな時、父親は「笑え！　今すぐ笑え！」と怒った。「今から10秒数える。10秒で笑えへんかったらシバく！」と。子どもながらに辛いことがあってへこんでいるのに、「笑え」と強要される。うっとうしいなぁと思いながらもゲンコツが飛んでくるのは避けたい。仕方なく「ハハハ」と小さく笑うと、「もっと笑え、もっと腹から笑わんかい！」とさらに追い討ちをかけてくる。だんだんやけくそになった木村少年が「ワハハハハハ」と声に出して笑う。そうすると父親も一緒になって「ワハハハハハハハ」と笑い出す。

「なんだかどうでもいいやという気持ちになって、そのうち本気で笑ってました」

無理矢理笑わされているのに、最後は心から笑っていた。面白いから笑うのは当たり前。でも笑うから楽しくなるというのも真理だということを子ども心にも感じたという。気がつけば、いつの間にか切り替えの早い人間になっていた。嫌なことや腹が立つことがあっても、一晩寝て起きたら気分が一新している。

そのような体験があるので、経営者となった今、なるべく笑っていようと木村さんは決めている。経営者としての日々の中では、心配事は際限なく生じる。新工場の建設に際してはかなりの金額の個人保証もしているし、進出を決めた中国市場の動静からも目が離せない。それでも社員の前では笑っていたい。あんなにのんきで大丈夫なのか、と言われるくらいがちょうどいいのではないかと考えている。

「こういう社長がいてもいいんじゃないでしょうか」

アトツギというのは、たまたま親が商売をしている家に〝生まれちゃった〟人だ。その多くは、リーダー気質ではないのに経営者にならざるを得ないというプレッシャーを抱えている。だけど、強さだけがリーダーの条件ではない。いつも笑いに満ち溢れていて、社員が心から楽しいと思える会社、好きだと思える会社をつくることで、結果的に家業を新しいステージに導いた木村さんの在り方がそれを証明している。

「何をつくるかということよりも、会社としての『状態』を大事にしたい。木村石鹼で働いている人がモチベーション高く働くことができている状態。夢や未来を語っている状態。社員が幸せな状態で、いかに長く会社をつづけることができるか。それをいつも考えています」

＊

「家族を愛し仲間を愛し豊かな心を創ろう」

これは木村石鹸が掲げる社訓の一つです。本気で社員を幸せにするということに取り組んだら、会社が復活したという事例は多くのアトツギたちを勇気づけるのではないでしょうか。「拡大」を目指す経営者はたくさんいます。もっと会社を大きくしたい。もっと売上を増やしたい。もっと、もっと、もっと……。けれども、拡大や成長や効率を極めた先には一体、何があるんだろう。そこで人は、幸せなのだろうか。木村さんと話しながら、そんなことをふと思いました。

規模の大きさより、しなやかで強くあること。みんなが幸せであり続けるために、変化を恐れないこと。木村石鹸工業という会社を一言でいうと、まさに「いい会社」。社員、社員の家族、取引先、消費者、仕入先、そして地域。大げさではなく関わる全ての人にとってのいい会社です。こんな会社が100社、1000社と誕生したら、ユニコーン企業が1社できるより、日本はよっぽど豊かになる。心からそう思います。

企業概要

【会社名】 木村石鹼工業株式会社

【業種】 石鹼・合成洗剤製造業
化粧品・歯磨・その他の化粧用調整品製造業
（日本標準産業分類）

【事業内容】 家庭用・業務用・工業用などの石けん洗剤
ならびに洗浄剤の製造販売

【所在地】 ◆本社
〒581-0066
大阪府八尾市北亀井町2-1-30
TEL：072-994-7333
FAX：072-993-7188

◆三重伊賀工場
〒518-1155
三重県伊賀市治田山梨3209-12
IGA STUDIO PROJECT
（家庭用品＆化粧品工場）
TEL：0595-20-9222

◆東京オフィス
〒160-0023
東京都新宿区西新宿7-4-4
武蔵ビル5F
HAPON新宿
TEL：03-4500-1738

◆沖縄研究所
〒905-0016
沖縄県名護市大東3丁目14番14号302号

【代表者】 代表取締役社長　木村祥一郎

【資本金】 2900万円

【売上高】 15億3000万（2023年6月）

【従業員数】 58名（2023年6月現在）

【設立】 1924年4月1日

【公式HP】 https://www.kimurasoap.co.jp/

第5章
目の前の仕事から、未来のタネを拾う

アチハ株式会社　阿知波孝明社長

「アトツギ白熱教室」に来てくださる多士済々の講師の中で、多くの学生が「一生忘れられない」と口をそろえるひとがいます。アチハ株式会社の阿知波孝明社長です。

「うちは、ただただでかいものを運んできただけの会社でして……」

身長183センチの阿知波さんは、そう言って照れくさそうに頭を掻きます。家業の再建にあたって文字通り「修羅場」を潜り抜けた人でありながら、話しぶりは柔和で、学生相手でも腰が低い。だけど、強烈な印象を残すのは見た目や人柄だけが理由ではありません。

「大型物流」という言葉をご存じでしょうか。ロケット、風力発電の大型部品、航空部品、電車、橋梁など巨大なものを運ぶ特殊な運送のことです。アチハはその前身となる阿知波組が1923年に創業して以来、このような特殊な運送を受け持つ運送業者としての歴史を積み重ねてきました。

4代目の阿知波孝明さんがアトツギとして家業を継いでからは、長年積み重ねてきたノウハウと実績を武器に、運送業者の枠を大きく飛び出しています。

たとえば、国内で役割を終えた電車車両のリユース（売買と海外への運搬）を手掛けるようになったり、テーマパークのジェットコースターの部品を運ぶだけでなく、競争入札で競り勝って組み立てまで受注したり。さらに最近では風力発電の巨大な部品の輸送・設置にとどまらず、自らが電気事業主となって地域の発電を請け負うという挑戦を始めています。

アチハは、いまや国際物流会社であり、エンジニアリング会社であり、発電事業者でもあり、商社でもあります。言い換えれば、下請けから元請けに変身しつつあるわけです。

大胆な変身はしかし、あくまで家業と地続きのもの。株式上場を目標に掲げながら、従業員と家族の幸せを追求し、「世のため、人のために貢献」することを掲げる阿知波さん。高い志と地に足の着いた歩み。学生たちが魅了された阿知波さんのアトツギ話をご紹介します。

CASE 5

アチハ株式会社　代表取締役　阿知波孝明

運送業から「鉄道車両輸出」「発電事業」も手掛ける商社に

でっかいものを運ぶ「祖業」から地続きの華麗なる変身

祖父の口癖「お国のために働け」

アチハの前身は、阿知波さんの曾祖父が大阪で始めた阿知波組。馬で荷物を運ぶ「馬力屋」だった。抱えていた馬は100頭。初代の猛烈な働きぶりもあって「大きくて重いものは阿知波組に頼む」という評判を確かなものにした。

2代目の祖父は、相撲とり。太平洋戦争中、徴兵された満州で足を撃たれて病院に入っている間に終戦を迎えたという。入院中に病院で一番働き者だった女性を見初めて結婚。阿知波さんはこの祖父母の影響を大きく受けている。

祖父の直之さんは大柄で、子ども心にも「迫力」を感じるほどだった。大正区の実家の近くにあった本社倉庫には土俵があって、当時は藤島部屋の稽古場となっていた。戦争中、陸軍ではそれなりの地位にあったようだが、終戦後は、ただの人。食べるものも着るものも、ほとんど手に入らない。事業の方も、徴兵ならぬ徴馬されてしまって、残っていた馬はたった2頭だけ。そんな状況から阿知波組は再スタートした。

馬はやがてトラックに変わり、さらにトレーラーの時代となった。重量物の運送業者として家業を確立したのは創業から数えて3代目、阿知波さんの父親だ。

しかし、息子に家業を継ぐように強制することは一切なかった。裕福な環境で自由に育った阿知波さんは、大学卒業後、5歳の時から習ってきた柔道を究めるためにアメリカに渡った。

「毎日違う道場を訪ねるんですよ。まさに道場破りです」

現地では、戦後ブラジルに身ひとつで移住し、柔術家として闘ってきた「師匠」のところに身を寄せた。「何不自由なく育ったんだろうけど、ここではそうはいかないよ」と、ボロボロの部屋に押し込まれて、ネズミとクモとゴキブリと毎夜格闘しながら暮らした。治安の悪いエリアで、時折通りから銃声が聞こえることもあったが、そんなことにも、そのうち驚かなくなっていった。

どの道場に行っても、最初にこう聞かれる。

「お前は本当に強いのか？」

アメリカ人は、たとえ「日本から来た柔道の先生だ」という触れ込みであっても、先ずは疑ってかかる。実力を見せるまでは信用してくれない。次から次へと挑まれて、結局は総当たり戦になる。実力で負けることはないが、図体のでかいアメリカ人ばかりを相手にしていると、だんだん疲れてくる。一度でも尻もちをつこうものなら「そらみたことか」と嘲笑されてしまう。闘争心むき出しの彼らとの、勝つか負けるかというひりひりした日々が続いた。

それと同時に、大学院に入るための勉強にも励み、南カリフォルニア大学の大学院に合格した。専攻は国際公共政策学。祖父が口癖のように「お国のために働け」と言っていたこともあり、この頃、阿知波さんは将来進むべき道として政治に携わることを考えていた。

強い父の初めての弱音

大学院の卒業を半年後に控えた年の暮れに、大阪の母親から手紙が届いた。

「お父さんが民事再生をしようとしています」

そこには、そう書かれていた。

アメリカに渡ってからは、一度も日本に帰っていなかった。「いったん決めた道なら、後ろを振り返るな」と送り出されたからだ。会社が大変そうだということを小耳にはさんではいたが、詳しい状況はまったく知らなかった阿知波さんに、「民事再生」にまで追い込まれているという知らせは青天の霹靂だった。手紙には、東京の弁護士に相談をしていること、その費用のために親族からお金をかき集めていることなども書かれていた。

慌てて年末ぎりぎりに帰国。4年ぶりの日本だった。

年明けの2日に父親と出かけたゴルフ場で「会社、もうあかんかもしれん」と聞かされた。経営悪化の原因はバブル期の過剰な設備投資だった。かつては10億円以上あったキャッシュが、バブルの崩壊後5年くらいで一気に消えてしまい、そこからは傾く一方だったという。

阿知波さんにとって、父親は常に豪快でやんちゃな人だった。けんかは大好きだけど、ヤクザは大嫌い。運送業界の行儀の悪い人間を片っ端からやっつけていくような人だった。相手がだれであろうと、ずるいことをする奴を許さない。クレーン業界、運送業界では、「阿知波組の暴れん坊」と呼ばれていた。とにかく「強い男」そのものだった。

その強い父が弱音をはく姿を見て、本当に大変な事態なんだという実感が初めて湧いた。思わず、「あと半年で大学院を卒業できるから、もうちょっと待ってて。俺、帰ってくるから」と口にしていた。それまで家業を継いでほしいなんてことを一度も言ったことのない父だったが、その時は当然のように「わかった、じゃあ、なんとかそれまでもたせとくわ」と答えた。

あとからわかったことだが、当初は3月に民事再生するつもりだったものを阿知波さんの帰国まで引き延ばすために、父親は恥を忍んで支払うべきものを支払わず、延命をしていた。社員の給与も遅配、燃料代も未払い、税金も滞納。信用は当然なくなり、民事再生もできないくらい経営状況は悪くなっていった。クレーンやトレーラーなど業者からリースしているものも、全部差し押さえられた。金融機関からもリース会社からも「返せ」「返せ」の大合唱だった。

帰国翌日、否応なく副社長に就任

大学院を卒業した阿知波さんは約束通り、帰国。翌日すぐに会社に向かった。そこには面会を希望する人たちが手ぐすねを引いて待ち構えていた。建設機械メーカーやトレーラーメーカーなど阿知波組にリースで物品を提供している会社の担当者たちだ。

「息子さん、あなたこの会社、本当にやるんですか？」

「息子さん、この状況わかってますか？　今月はもう手形ジャンプできませんよ。社長（お父さん）が待てというから待ってるんですけど、ほんとに払う気あるんですか」

家業についての知識もないまま急遽帰国した27歳のアトツギに、彼らは容赦なく詰め寄ってくる。債権回収担当のこわもてが次から次へと現れて専門用語をまくしたてる。

「そのために帰国したんです。逃げも隠れもしません」

そう答え続けた阿知波さんだが、実は、その時点では「手形」の意味さえ知らなかった。

「手の形をしてるのかと思ったら、ただの紙でした」と苦笑する。わけもわからないままに頭を下げながら、尊敬する父親にこれ以上恥をかかせたくないという思いだけがあった。

アトツギとはいえ、何も知らない。会社の取締役会で紹介された際には「現場で一兵卒からやります」という挨拶をした。ところが、当時の専務が呆れたようにこう言った。

「孝明さん、何を寝ぼけたことを言うてはるんですか。今月会社が潰れるかもしれないという状況で、現場をやってる場合じゃないでしょ。今月どう乗り切るかを考えてすぐにでも動かないといけない状況なんですよ」

そんなわけで、阿知波さんは、創業90年の阿知波組の副社長にいきなり就任することになった。

最初の数か月間だけは「若い息子さんの将来にかけるわ」と言ってくれた取引先も、1年が経つ頃になると目の色が変わった。

「もう今月から燃料売りませんから」

燃料を入れてもらえないと、仕事にならない。頭を下げてお願いしても、「じゃあ今までの分、すぐ支払ってください」と冷たい返事が返ってくる。各社との押し問答は何か月も続いた。

130名くらいいた従業員も、毎月5人、10人と辞めていく。名前さえまだ覚えていない従業員が毎日のようにやってきて「辞めます」と言う。「申し訳ない。退職金は出せないけど、遅れた給料は必ず払うから」とここでも頭を下げるばかり。転職の世話をしてあげたかったが、これも難航した。かつて飛ぶ鳥を落とす勢いで成長していた頃には「あと3年くらいで日本一のクレーン屋になる」と父は豪語していた。同業者からしてみれば、面白くなかったのだろう。従業員を引き取ってほしいと頭を下げても「何を寝言いうとんねん、お前のとこの社員なんて死んでも雇うか」などと言われたこともあった。

インターネットで同業者を調べて、片っ端から電話して頼んでもみたが、たいていボロカスに言われる。ある時、大手の会社から「話をしに来い」と言われた。従業員を引き取ってもらえるものだと思って出かけて行くと、「お前の会社に仕事を取られたんや」と愚痴を延々と聞かされるなんてこともあった。

ただ、そんな中でも引き受けてくれる会社がちらほらとはあった。

「ようライバル会社に電話してきたな。なかなかできへんで。息子さんのその勇気に免じて雇ったるわ」

阿知波組は仕事に厳しい会社としても知られていたので、アチハの社員はどこにいっても即戦力で活躍するし、どんな時でも最後までやり抜く力があるというのは有名だった。この時いろんな会社に散らばった元社員たちは、現在、それぞれの場所で活躍している。

「途中で潰れたら困るから、よそに頼むわ」

退職者は増える一方だった。リース会社と交渉してなんとか機械やトレーラーを残せても、それを操る運転手やオペレーターがいなければ仕事にならない。臨時募集をかけて、経験があまりないような未熟な運転手でも採用せざるを得なかった。

そうすると、事故が起こる。当時は夜中によく事故の連絡が来ていたので、いつでも出動できるよう、作業服と電話を寝床の脇に置いて寝ていた。

運ぶのは特殊な重量物だ。それを巨大なトレーラーに乗せ、センチ単位まで研ぎ澄ました車幅感覚を駆使して市街地を縫うように走り、遠方まで運ぶ。だから、事故といっても、ハンパなものではない。タイヤが吹っ飛んだ。料金所をなぎ倒した。変圧器を横の車にぶつけてしまい油がダダ漏れになって、消防車が15台来ている——阿知波さんは、連絡を受ければ夜中でも飛び起きて現場に向かった。

眠い目をこすりながら急行した現場では、消防署員や警察から「君が責任者か！」と怒られ、地元住民などからは「賠償しろ！」と詰め寄られる。

家業に戻っての1年目は、そんな感じで過ぎていった。

日中会社にいる時は返済や支払いの交渉、夜は現場。事故の後処理もしないといけないし、もちろん新規の営業にも行かないといけない。

ところが、その頃にはすでに「阿知波組がやばい」という噂が流れていた。営業先で「ごめんね。仕事をお願いしている途中で潰れたら困るから、よそに頼むわ」と言われることも多く、世の中の厳しさを思い知らされた。

業績は上向くどころか、どんどん厳しくなっていく。この先どうなるんやろう——途方に暮れた時、阿知波さんはいつも、大阪・南港《なんこう》の海辺に行った。海を眺めながら「この会社も今月で終わりかな。俺の人生も終わりかな」とうちひしがれるのが常だった。しかし、そのたびに自分の気持ちをふるい立たせた。阿知波さんは父親がどんなにお金がなくても生命保険だけは支払いをしていたのを見ていた。父親は仕事のすべてを自分に任せて、「最後の責任は俺が取る」と言っている。そのことを知っている息子の自分がやらずに誰がやるんだ。そう思いなおすのもまた常だった。

「守るべきものがあるので返せません」

そのころ、阿知波さんは祖母の家に居候していた。すでに経営から離れていた祖母は、ある日、帰宅した彼に「孝ちゃん、あのな」と家業の歴史を話し始めた。

戦後、馬2頭から運送屋として再スタートを切ったのは祖父だけではなく、祖父の兄もやはり裸一貫で運送業をスタートさせたのだという。だが、兄の事業は15年くらいでたちゆかなくなってしまった。祖母は、その理由について話してくれた。

その後、経済がどんどん成長するにつれて、馬力屋はオート三輪というトラックを使った商売に変わっていった。景気の波の影響もあって、ある時、祖父も祖父の兄もトラックのリース料が払えなくなった。その時、祖父の兄は「申し訳ない」と言ってトラックを販売会社に返し、会社を清算した。

一方、祖父は、居留守を使って返さなかった。取り立てに来た人は、玄関に履物がある上に、大きないびきも聞こえるから、祖父が家にいることはわかる。それでも、祖母は「いない」の一点張りで頑張った。そうやってなんとか支払いを引き延ばしてもらって会社の命をつないだ。

「孝ちゃん、考えてみ。おじいさんは、トラックを返さへんかったから、その後また事業を成長させて、100人、150人の社員の雇用が守れたんや。その人たちの子どもたちが何人学校に行けて、大きくなれたと思う?」

借りたものを返さないというのは、もちろん良いことではないが、長い目で見たら「その判断が正解になることもある」というのが祖母の主張だった。なるほど、と阿知波さんは妙に納得したという。当時やっていたことは、債権者に対しては非常に申し訳ないことではあったが、将来、大きな大義につなげることが、きっとできる。自分は大勢の人生を預かっている。会社を続けていくことが最優先だ。それ以来、「会社として守るべきものがある」と思えるようになった。

とはいえ、資金繰りは相変わらずの綱渡り。複数のリース会社との手形の交渉が毎日のように繰り広げられた。不渡りが出ると阿知波組は倒産する。取引先担当者の多くは、最後のトリガーを引かないでいてくれたが、ある時、そのうちの1社がいよいよしびれを切らして、「今月はもう絶対に手形を落とす」と宣言してきた。明日手形が落ちるという前夜、「いよいよ明日、うちは潰れるのか」と胸が詰まって眠れない夜を過ごした阿知波さんだったが、その会社はすんでのところで手形をジャンプして待ってくれた。

毎月、そんなぎりぎりの繰り返しだった。

転機となった「小さな仕事」

転機となったのは、小さな仕事だった。外資系のメーカーの工事に現場監督兼通訳で入ってほしいという仕事が回ってきた。その仕事を請けると決めた時、役員からは「会社が潰れそうな時に、そんな小さい仕事を請けてどうするんですか」と非難された。だが、「商売のにおい」を感じた阿知波さんは現地に入った。

その現場で働くのはアメリカ人の職人たち30人。荒くれものばかりで日本の建設現場のルールを守る気などない。ヘルメットもかぶらない。発注元の大手電力会社は、そんな状況はあり得ないと憤り、何とかしろと現場監督である阿知波さんを責める。職人たちと電力会社の担当者の板挟みとなっていろいろ大変なこともあったが、最終的にはアメリカ人の職人たちとも仲良くなり、予定していた納期より5日も早く終わらせることができた。おかげでコストが大幅に下がり、大きな利益が出た。そのことに気をよくした元請けのメーカーの営業部長が「阿知波君のおかげだ」と評価してくれたことが、次の仕事につながった。

彼はその後、アメリカ資本の大型テーマパークに転職。ジェットコースターの工事の入札案件がでた時、「阿知波さんの会社だったら、クレーンもあるし、参加してみないか？」と声をかけてくれたのだ。思いがけず、大きな仕事への扉が開いた。

新規営業に奔走していたアチハとしては「ぜひとも！」と大歓迎の案件だった。だが、ジェットコースターの据付工事はクレーンがあればできるというほど単純な仕事ではない。特殊な技術力が求められる。とりあえず競争入札に参加するとは言ったものの、据え付けについてはまったく知識も経験もなく、どうしたらいいのかわからなかった。

ちょうど同じ時期に、神戸にあったテーマパーク、ポートピアランドの遊園地が閉園することになった。解体工事をしている現場があると知って出かけていき、作業していた職人の親方に教えを乞うた。

「解体ができるなら、組み立てもできますか？」

「おう、できるで」

そこから、その親方と組んで二人で入札の準備を始めた。建設会社の知り合いに応援を頼んだりCAD（設計をコンピュータ上で行うためのツール）で図面を起こしたり見積書をつくったりと、初めてのことばかりだったが必死でやるしかなかった。今思うと、見積書の金額は「むちゃくちゃ」な数字だった。

入札の競合相手は5社。いずれも日本を代表する超大手の建設会社ばかりだ。プレゼン当日、競合会社はどこも分野別の専門担当者をそろえて10人前後の陣容で会場に臨んでいた。一方、阿知波さんのテーブルは「座っているだけでいいから」と頼んで同行してもらった父親と二人だけだった。

プレゼン資料の厚さもずいぶん違う。ライバル会社のものは相当分厚いのに比べて、アチハのものはペラペラ。会場にずらりと並ぶクライアント側の担当者にはアメリカ人も多く、矢継ぎ早に細かな質問を投げてくる。他に頼る人がいないゆえに事前に時間をかけて安全基準の資料などを読み込んだり現場のとび職人にしつこいほど相談したりしていた阿知波さんは、まるでベテランのような口ぶりで「わたしはこう考える」「こうした方がいい」などと堂々と提案することができた。

その受け答えが評価されたのか、受注することができた。規模が小さくても、責任者が明確になっている会社として信頼されたのかもしれない。見積金額が安かったことも理由の一つだっただろう。ジェットコースターの組み立てという初めてのチャレンジで受注した仕事。それは単に大きな仕事をとれたというだけでなく、会社が対応できる業務のウイングを広げることにもなった。

とはいえ、手放しで喜ぶわけにはいかない状況だった。同じタイミングで、会社の資産が競売にかけられることになってしまったのだ。

それまでの2年間にも、資産は何回か競売にかけられていた。メインバンクから銀行系の債権回収機構に移り、さらに別の回収機構に売られる。ジェットコースターの工事を受注できた時に債権を持っていたのは虎ノ門にある外資系の会社だった。挨拶に行って「逃げも隠れもしないので、もう少し待ってください」と言ったら、若い担当者はにこやかに笑って「いいですよ」と答えてくれた。安心して帰ってきたら、その1週間後に「期日までに払えなかったため、会社の土地が競売にかけられました」と通知が届いた。

びっくりして、「いいですよって言ったじゃないですか」と電話したら「いいですよ、と言ったのは待ちますという意味じゃない。もう払えないんでしょ？　担保を処理します。借りたものを返さないあなたが悪いんですよ」とぴしゃり。それはそのとおりなので、ぐうの音も出ない。

ぎりぎりの資金繰りをつづけながら、喉から手が出るくらい求めていた大きな仕事。それを受注できたタイミングで会社の資産を差し押さえられてしまった。現場事務所を開設する資金も、職人たちに支払うための資金も用立てられない。阿知波さんは途方に暮れてしまった。

役員会で話し合っても打開策が見つからない。「せっかく大きなチャンスを手に入れたのに」とみんなが俯いていた時、3か月前に入社したばかりの経理担当者がすっくと立ち上がった。

「ちょっと待っていてください」

大手商社のＯＢで「絶対ええから雇ったほうがいい」と知人から紹介されて採用したものの、

入社して3か月の間、新聞を読んで毎日ボンヤリしているだけの人だった。「このおっさん、会社潰れそうなのに、どう役に立ってくれるねん」と、正直思っていた。

この時、彼は取引の一切ない大手銀行の支店に行って、「金出せーーー、金出すまで俺は帰らへん」と、ロビーに座り込んだらしい。アチハの決算書を出して貸してくれる銀行はない。受注したばかりのテーマパーク案件の受注契約書を握りしめての必死の交渉だった。銀行も根負けしたのか、数週間で融資が下りた。ようやく着工の目途がついた。

コンサルタントは助けてくれない

現場はテーマパーク。作業は夜中しかできない。夜8時頃に開始して朝は6時くらいに撤収。日中は営業や支払いの交渉に駆け回り、夜間作業の間はずっと現場に詰めていた。明け方2時間くらい車で寝る。風呂に入るのは週に2~3回だけ。寝る暇があったら働く。そんな生活が1年くらい続いた。社員も同じように頑張ってくれた。これしか生き残る方法はないことがわかっていたので、みんな、必死だった。

並行して、阿知波さんは、会社分割法による再建の可能性を探り始めた。悪循環の歯車をようやく逆回転させ始めることはできたものの、大きな負債を抱えたままでは、早急な業績の回復は見込みにくい。弁護士に相談もした。だが、こちらの切羽詰まった状況をくみ取った助言をしてくれる人にはなかなか出会えない。

手探りの日々の中では、手痛い失敗もあった。新しい仕事が取れずに、返す当てのない負債に頭を悩ませていた頃だ。何かヒントをつかみたいと出かけた書店で、企業再建について書かれた本を見つけた。著者は、経営コンサルタント。その本はかなり売れているようだったので信頼感もあって連絡を取ってみたところ、相談に乗ってくれるというので東京まで出かけて行った。コンサルティング料金として求められたのは毎月数十万円。自分の給料すらもらえないような資金難の中でこの金額の出費は大変だったが、窮地を救ってもらうためだと納得して契約し、お金をひねり出した。

期待を抱いて話を聞きに行ったが、「クレーン（設備）を買いすぎですね」「クレーン部門の売上を上げる努力が必要ですね」などと、当たり前のことを言い立てるだけ。売上を増やすために何をどうすればいいのかが知りたいのに、状況判断ばかりで具体的な策は一切出てこない。ずいぶんなお金をかけた割には「何の役にもたたなかった」と阿知波さんは振り返りつつ、こう続けた。

「コンサルが悪いのではなく、誰かに頼ろうとしている自分自身がダメだったんです」

誰かが助けてくれるという発想そのものが、会社を弱くしてしまっている。本気で解決したいと思っているなら、自分自身が取り組むしかない。そう決めた阿知波さんは、企業再建に関する法律の勉強に取り組んだ。その中で見出したのが会社分割法による解決だった。

実際に会社分割法を使って問題を解決した実績のある会計士に出会えたことも大きかった。「自分自身の腹が決まり本気になったら、不思議なことに適切な人と出会えるんです」。その会計士に自ら考えたアイデアをぶつけたところ、的確な助言をもらえたのだ。その時に、つくづく実感したのは、他人に「なんとかしてください」と丸投げしているようではダメだ、ということだった。自分自身が、まず学ぶ。そして、「死ぬほど」考え抜く。「こうしたい」という方向性も自分で見つけ出す。そうすると誰が詳しい専門家なのかがわかるから、良いパートナーとタッグを組める。

銀行や会計士と一丸となってつくり上げた再建計画は巨額の負債に苦しむ阿知波組と資本関係のない新しい会社「アチハ」をつくるというものだった。銀行から新会社に数億円を融資してもらって、クレーンやトレーラーといった阿知波組の資産を時価で買い取って事業を継続していくという計画だ。だが、このやり方は阿知波組の債権者全員の合意が大前提となる。このまま阿知波組が潰れて債権が回収できなくなるよりは、新生アチハで得た利益で返済される可能性を信じてもらえて初めて、このやり方が成立する。

今後の運命を分ける債権者集会、阿知波さんは夜を徹してのテーマパークの現場から駆け付けたせいで、寝不足、ひげはぼうぼう、実は風呂にも数日間入っていないというような状態での参加だったという。そのボロボロの姿に何かを感じてくれたのか、あるいは誠意をもって説明を尽くした内容に納得してくれたのか、債権者全員が「将来にかける」と言ってくれた。

現在のアチハは、こうして誕生した。

生まれ育った家を自ら解体

銀行からの融資で買い取るべき阿知波組の資産の中には自宅も含まれていた。祖父が事業を拡げていく中で手に入れた家。父も阿知波さんもそこで生まれ育った、大切な思い出が刻まれた家だ。だが、事業の再建を第一に考えると、優先すべきは機材の買取りということになる。どう資金繰りしてみても自宅の買取りに回すお金はなかった。

「家は諦めてほしい」と告げると、「この家のために、おじいさんとどれだけ苦労したと思ってるんや！」と祖母は悲痛な声で抵抗した。当時、祖母は80代半ば。その年齢で思い出の多い家を出ていくことになるのは相当辛いことだったに違いない。だけど、事業さえうまくいけば、家はまたいつか買える。でも、トラックや機材がなかったら仕事が回らない。会社の再生は何よりの優先事項だった。祖母だけでなく親戚一同からもずいぶん非難された決断だったが、この時、父親だけは阿知波さんの側に立ってくれた。

解体工事の前日、電気も止まった真っ暗な屋敷にひとり、泊まった。「生まれ育ったこの家ともお別れか」と思うと、いろんな思いが溢れだしてきたという。自分やきょうだいの身長を刻んだ柱が潰されるだけでも、自分の尊厳を奪われるような感覚だった。生きてきた証がなくなるようなショックを感じた。

この時、「絶対に会社を潰したらあかん」と思った。会社が潰れたらこんな目に遭う従業員がいっぱい出てしまう。こんな寂しさや屈辱を絶対に味わわせたくない。この時ほど強く会社の存続を誓ったことはない。祖母にも約束をした。

「どんなに辛くても、どれだけ馬鹿にされようとも、会社は存続させる」

29歳で6億円の借金を背負う

アチハに生まれ変わって、少しずつ仕事が入ってくるようになり、売上が増えていった。とはいえ、再スタートを切るにあたって、会計士からは厳しい現実を突きつけられていた。

「運送業は、斜陽産業。借金がなくても、これからギリギリ稼いでいけるかどうかです。あなたは29歳で6億の借金を背負っている。かなりの確率で潰れますよ。アメリカの大学院まで出て、この仕事、本当にやるんですか」

阿知波さん自身にも、そのことはよくわかっていた。それでも、こう答えた。

「従業員が自分を信じて残ってくれた。今さらやめるなんて考えていない」

会計士は仕方なくうなずきながらも「1年以内に倒産する確率が半々、9割の確率で3年ももちませんよ」と苦言を呈した。

新しい仕事の売上は、すべて借金の返済に消えていった。1か月でも業績が落ちるとすぐに資金がショートしかねない。綱渡りの日々だ。会計士の予言は的を射ていたようで、1年後には会社の経営状態は火の車になっていた。頭を抱える経営陣。

だが、その時、神風が吹いた。

「道路2車線をふさぐ大きな航空部品を名古屋から長崎まで運んでほしいという依頼が入りました」

それだけの距離を運ぶには、市街地だけでなく山道も抜けていくことになる。輸送の許可を行政に申請し、取得するだけでも大変な作業だ。荷主さんはアチハへの依頼の前に大手の運送会社に相談していたが、「とてもじゃないけど陸路は無理。船でしか運べない」と軒並み断られていたという。しかし、航空部品の洋上輸送は陸上輸送よりも自然災害に見舞われる可能性が高い。波が高い時に回航すると、荷崩れを起こし商品が破損する可能性が陸送よりも高くなる。荒天を避けるため運行せず待機すれば納期に遅れてしまう可能性が出てくる。そうした理由から、荷主はどうしても陸路で運びたいという希望だった。

「やらせてください」

すぐに、そう答えた。もともと「できない」と言わないのがアチハの伝統でもあるが、この時は売上をつくるためにも絶対に落とせない仕事だったのだ。名古屋から長崎まで、30か所ほどのすべての道路の管理者を事前調査と申請で回った時には、ほぼ全員から「何を考えているんだ！」と言われた。こんなに大きいものを運べば、他の車に接触してしまうだろう、と。

（どうすれば解決できるのか。この仕事をやり遂げなければ、もう後がない）

まず、トレーラー用の特殊な架台をつくり、荷物を斜めに設置できるようにした。その航空部品は円盤状で、薄い。傾けて運べば幅を減らすことができる。ただし、その分高さが出てしまう。歩道橋やトンネル、信号機にぶつからないような工夫が必要だ。そこで、社員と二人でハイエースに乗って名古屋から長崎まで、想定する輸送コースにある歩道橋やトンネル、信号などの高さを全部調べて回った。

運転して、計測して、記録して、の繰り返し。道路上の設置物の高さを計測した大量の資料をようやくまとめて提出したら、「幅も確認しろ」と言われた。再び、同じコースを辿りなおした。街路樹やお地蔵さんの位置まで、幅に関するものはすべて計測し、記録した。その資料をもっていくと、次は「道路に人が歩いていたらどうするんだ？」と言われる。そこで夜間の通行予測時間帯にそれぞれの道路で人の往来を調べた。それらをもとに、国交省や警察の担当者などとも何度も話し合いを繰り返し、綿密な安全運送計画をつくって提出、その後も何度もやり取りを重ねて、1年後、ようやく許可を取得することができた。

こうしてアチハは大型テーマパークの工事という実績に加えて、ほかの運送業者が尻込みした航空部品の輸送という新たな領域を切り開いた。この実績がものをいい、次々と仕事が舞い込み始め、アチハはようやく息を吹き返していった。

下請けから元請けになるには

会社は息を吹き返したものの、阿知波さんはもどかしさを感じていた。売上は増えていったが、元請けから回ってくる入札案件を待ち、それを落札するために価格で勝負するしかない状況が続いていたからだ。大きな借金を背負って再スタートを切っているアチハは、借金なしでやっている競合相手には価格では勝てないことも多い。勝つためとはいえ、利益の出ない仕事を引き受けることもできない。このままの事業スタイルでは、未来に光が見いだせない。悶々と悩む日々が続いた。

ブレイクスルーのきっかけは、ある日、ふと訪れた。

その日、阿知波さんたちは電車の車両を輸送する仕事をしていた。港まで電車を運ぶと、スーツ姿のビジネスマンがたくさん集まっている。日本の中古車両を東南アジアに寄付するプロジェクトだということで、名だたる大手鉄道会社の関係者がそのビッグプロジェクトを回していた。

プロジェクトは各工程を多くの下請け会社が分業する形で成立していて、アチハは港までトレーラーで車両を輸送する作業だけを担っているというわけだ。商流（商売の流れ）の一番上のところを担っているのが、スーツ姿のビジネスマンたちだ。

会社に戻ってからも、その光景がずっと頭から離れなかった。

「あの、一番上の場所に立たないとアカン」

下請けである限り、競争させられて、値切られる。会社の儲けは期待できない。商流をさかのぼって元請けになるにはどうしたらいいのか。それが次に解決すべき大きな課題になった。

最初は、専門的なノウハウを持つ人材の採用から始めた。国際契約に精通している大手商社のOBや中古車両の情報に詳しい大手鉄道会社のOBを採用し、鉄道車両を国内はもちろん海外へも輸送・販売できる態勢を着実に築いていった。陸路も海路も自前で手配できるようになり、他社を凌駕する低コストでの運送が可能になった。

海外プロジェクトの国際入札に、大手商社と肩を並べて参加できるようになったのは、会社の再建から10年後のことだった。国際案件は価格以外のさまざまな要因が作用するので獲得は簡単ではないが、このステージに立てたことが、アチハにとって大きな節目になった。

探せば、商機は他にも見つかった。たとえばSLをリースする事業。全国に車両を運んでいるなかで、SLを集客の目玉にしたいというニーズが地方にあることに気づいた。運ぶだけではない、新規事業の芽だ。自社でSLを購入し、整備・運送・線路の設置、さらに機関士までつけて貸し出すというリース事業を展開して、好評を博すようになった。

「商流をさかのぼって、上流を狙っていこう。これがアチハの柱だ」

かつて、なりふり構わず請け負った大型テーマパークの案件が、まさにそういう仕事だった。その経験が今につながっている。商流をさかのぼるということは、元請けをはじめ今までのお客さんが競争相手になるということだ。だが、アチハはあえてそこを目指そうとしている。プロジェクトの上流から下流まで、すべてを自社で完結させられる会社になろうとしている。

風力発電事業を始めた理由

2018年からは、風力発電事業を始めた。風力発電所を建設、運営し、電力をつくり、電力会社に販売する事業体を目指す。風車は全高85メートル。羽根だけでも40メートルを超える大きさで、これまでは鉄道輸送の技術を応用して風車の輸送を電力会社から請け負ってきた。風車本体は、電車の車体より重くて大きい。民家の間を擦り抜けたり、狭小交差点を曲がったり、山の中の険しい道を上り下りしたりしながら運ぶのは本当に難しい作業だ。山道ではブレーキが利かないこともある。当然危険も伴う。そういう経験から得たノウハウを駆使して、命がけで危険な思いまでしているのに、運ぶだけではもったいない。ここでも上流に立つことを意識して、風車建設に必要な土木・電気工事を取りまとめる建設元請け機能を持つことに決めた。

佐賀県の唐津に自前の風力発電所を開設したのは2018年2月。以来、電気事業主として風力発電事業を営んでいる。といっても、本業に無関係な新規事業に手を出すことはない。それは、リスクが高すぎる。末端の仕事の現場を熟知しているからこそ見渡すことができる「商流」を上っているだけだ。

「必死でやってたら見てくれてる人はいる」

「仕事は、現場に落ちている」

現場への強烈なこだわり。その原点には、家業を継いだ当初の自分への、猛烈な反省がある。

27歳で家業に入った時には、現場のおっちゃんたちとの人間関係が難しかった、という阿知波さん。アメリカから大学院出のアトツギが帰ってきたけど「仕事のことなんか、何もわからん」と、「道楽息子」「バカ息子」扱いを受けた。実際、当時は「潰れかけの父の会社を助けたい」と勢い込んで帰ってはきたものの、どうすればいいのか、何もわからなかった。

何かヒントが見つかるかもしれないと思って、藁にもすがる思いで参加した経営者の交流会で、ある時、講師の言葉にガツンと頭を殴られた気がした。

「皆さんは目の前の仕事を天職と思ってますか？　ようは目の前の仕事に対して『腹が据わってるのか』。腹が据わってないから商売がうまくいかないんです」

その言葉にショックを受けたのは、うまくいかない日々を周りのせいにしていた自分に気づいたからだ。大学院を卒業した自分が、今さら現場に出て泥にまみれる仕事をするなんて、という気持ちがどこかにあった。

社内から早く一人前だと認めてもらおうと思うがゆえに、ＩＳＯ（国際標準化機構）の認証がどうだとか、業務改善のシステムを導入しようとか、そんなことばっかり言っていた。「賢い」

アトツギとして、社員が知らないことを教えてあげようという上から目線になってしまって、恥をかくことから逃げようという心理があるから、自分が詳しくない現場には出ようとしない。だが、現場を知らないアトツギが考える発想なんて、たかがしれている。帰国して1年くらいは、「言い訳ばかり探していた」という阿知波さん。それが自らの成長を妨げていることにようやく気づいた時、「吹っ切れた」。その日を境に、阿知波さんはスーツではなく作業服で会社に行くようになった。

おっちゃんが運転するトラックの助手席に座って現場に通い始めた。鉄骨を運んでみた。そうして初めてわかったことがたくさんあった。〝帰ってきた〟副社長として、社員の本音を聞き出そうとそれまでも一生懸命コミュニケーションは取ってきたつもりだったが、本音は現場でしか聞けない。最初は年配の職人と会話するのが嫌で仕方がなかったが、3時間一緒に仕事をしながら話をすれば、苦手意識なんていつのまにか消えていくこともわかった。プロフェッショナルな職人は、自分よりすごいやつしか認めない。それを理解したうえで率直に会話をするようになって、だんだんとわかりあえるようになっていった。

その経験が、阿知波さんに「現場がすべて」だと教えてくれた。それ以降は、2006年に社長になってからも、とにかく全国の現場を転々とまわり続けた。

真冬の三重県の山奥の下水管の工事現場では汚物にまみれた。どこか大きな会社のプロジェクトの下請けどころか孫請けかひ孫請けでもらった商流の底辺の仕事だった。

ある日、4トン車を運転して部品を運んでいた阿知波さんは、「若いのによう頑張ってるね」と声を掛けられた。その人は声を掛けた相手がまさか社長だとは思っていなかったので驚いたのか、「今度、こんな案件があるから参加してみる?」と誘ってくれた。それが、また、大きなプロジェクトにつながっていった。

「20代の若造でも必死でやってたら見てくれてる人はいるんやな。必死でやってたら神風は吹くんやな」

振り返ると、阿知波さんが27歳で入社してからの数年間は「無理」「不可能」の壁が常に行く手を遮っていた。再建の只中でもがいている時には、手形が落ちる月末が来るのが恐ろしかった。毎日、頭を下げに行っては怒られるか怒鳴られることが続いていたので朝起きた瞬間から憂鬱でしょうがなかった。

だが、やるしかなかった。「先のことは考えない。今日一日自分のできる限りの事をやって、自分のすべてを出し切る。その先の事は考えない」と自分に言い聞かせた。

「今の自分には能力がなくても、勉強しよう、何とかしようという気迫で一生懸命やっていたら、応援してくれる人が出てくることを知りました」

疲れ果てて動けなくなるほどの毎日の中で阿知波さんが得たのは「必死でやっていれば神風は必ず吹く」という確信だった。

「家族のような社員」のために

会社を継ぐ前にアメリカから一時帰国した阿知波さんは、父親とゴルフに行った時にふと聞いた。

「親父はなんでこの会社を継いだん？」

「そらおまえ、血ぃやろ」――それが父親の答えだった。

その言葉はなんだか自分の心にすっとしみわたったという。

「血。そうか、血なのか」

体に流れている血の中に「家業を継ぐ」という意識や責任が入っている。改めて、自分自身がやり遂げないといけない仕事なんだと思った。

「腹を据えないとあかん」

阿知波さんは、今はこの仕事が天職だと思っていると言う。そして、

「年齢とともにわかるのですが」

と続けて、

「結果を出す奴はどの事業、どの仕事、どの職種でも結果を出します。『やる奴はやる』というのがわたしの持論です。それに、会社を『継ぐ』という使命感があるなら、既存の事業を軸足にしながら、いくらでも発展させていけるんです」

静かだが、はっきりと、そう言い切った。

会社がこれまでに何十年も続いてきたということは、すごい量のノウハウが蓄積され、多くの取引先が存在するということだ。そのベースを崩さずに、新規事業という枝を伸ばすことはできる。アチハはそれを実践してきている。

「これまで自分たちがベンチャー企業だと思ったことはなかったけど、考えてみたらやってきたことは『ベンチャー型事業承継』そのものでした」

アチハは２０２３年に創業１００年を迎えた。実績が次の実績を呼ぶようになり、次世代の若い社員も順調に育っている。

「うちの子らの働き方は群を抜いている」と誇らしげに語る阿知波さんは、これほどまでに頑張っている彼らに「夢を見させてあげたい」と思うようになった。そして掲げたのが株式上場だ。

「俺は一銭もとらん、みんなのために実現する上場や」

阿知波さんはそう公言している。

思い起こせば、祖父母も常に従業員のために頑張っていた。商売がしんどい時期も、会社をたたまずに頑張りぬいた。父親も、日曜日でも朝6時には会社に行って仕事をしていた。休日なのに働いている社員のために、あんパンとメロンパンを持っていく姿は幼かった阿知波さんの目にも焼き付いている。

会社というのは、創業から5年くらいなら、勢いだけでも続けていけるかもしれない。だが10年、20年、30年となるとそうはいかない。従業員、取引先、関わる人が増えていく中で事業を続けていくというのは並大抵のことではない。経営者が自分の懐を肥やすだけの会社は絶対に続かない。それが、阿知波さんの、いや、阿知波家の信念だ。

「株式上場をめざすことが今の時点で正解かどうかはわかりません。従業員に報いることが目的なら、ほかの方法のほうがいいかもしれない。でも上場するぞ、というのはわかりやすいから、今はそこに目標を置いていいます」

方法は、いつでも変えればいい。
「変えてはいけないのは、従業員あっての会社だということです」

*

現在のアチハのスローガンは「日本一の絆で〝でかい〟に挑戦しよう！」です。物流会社とは思えないおしゃれなオフィスには、いわゆる男子校の体育会系の部活さながらの活気が溢れています。若い社員がはつらつと働いている様子に目を細める阿知波さんの姿を見ると、仲間たちと現場にいる時がこの人を一番イキイキさせているんじゃないかと、いつも思います。

27歳の若者は、〝強い〟はずの父親が弱音を吐いている姿を見て会社を継ぐことを決意しました。壮絶な再建と新しい挑戦を重ねる中で、彼にとって家業だった会社は、「家族のような社員」のための企業になっていきました。チームアチハは、今日もどこかで、日本一の絆で、でっかいものを運んでいます。

企業概要

【会社名】 アチハ株式会社

【業種】 運送業

【事業内容】 1.風力発電設備事業
2.鉄道車両関連事業
3.機械設備据付事業
4.特殊重量物取扱事業

【所在地】 ◆本社（現業部門）
〒559-0033
大阪市住之江区南港中1丁目1番67号
TEL：06-6616-7600
FAX：06-6612-4604

◆ATC事務所（管理部門）
〒559-0034
大阪市住之江区南港北2-1-10
ATCビルITM棟５階
TEL：06-6612-0001（代表）
FAX：06-6612-4468

◆東京支店
〒105-0021
東京都港区東新橋2-14-1
NBFコモディオ汐留4階
TEL：03-6280-3266
FAX：03-6435-6890

◆秋田支店
〒011-0911
秋田県秋田市飯島字古道下川端220-11

【代表者】 代表取締役　阿知波孝明

【資本金】 9300万円

【売上高】 80億円（2023年12月）

【従業員数】 180名（2023年12月現在）

【設立】 2000年9月

【公式HP】 https://www.achiha.co.jp/

第6章

会社を1円で売った親友の話

ここまでに5人のアトツギによる再建事例を紹介してきました。どの社長も自分らしく「後を継ぐ」道を模索し続けて今にいたります。ギリギリのところで窮地を乗り切ったとはいえ、当然ながらゴールにたどり着いたわけではなく、誰もが今も道の途中。ここまでの道はどれ一つ順風満帆ではなかったし、これからも同様だという覚悟で、それでも前に進もうとしています。

一方で、同じように志を持って努力したにもかかわらず再建を果たせなかったアトツギたちも世の中にはたくさんいます。わたしの親友Fが、その一人です。結果として失敗に終わりましたが、とても心を動かされ、改めて「後を継ぐ」ということについて考えさせられたケースです。この本を読んでくれているあなたの心にも、きっと響くものがあるはず。そう信じて、彼のストーリーをわたしの語りでご紹介させてください。

Fは、祖父が創業した土木事業を得意とする中堅ゼネコンの3代目として生まれました。アトツギとして家業の再建を目指し、30代の日々を2年間にわたって奮闘したけれども、結果としては会社を取引先に「1円」で売却することになったのです。

CASE 6

親友F
事業承継は使命感だけで乗り切れるほど簡単なものではない

34歳で家業を継いだ親友F

Fは、大阪産業創造館での元同僚。年齢は10歳下ですが、話をしていて共感することが多く、親友と呼べる存在です。

Fの実家が会社（F社）を経営していることは知っていました。ただ、父親との折り合いがよくないのか、30歳を過ぎても家業に戻る気配はなく、その話題はなんとなく避けているようなところがありました。

F社はFの祖父が昭和30年代に創業した土木事業を得意とする中堅のゼネコンでした。護岸工事では定評があり、日本の経済成長とともに大きく成長しました。全盛期（1970〜80年代）の年商は200億円。請け負う仕事の90%以上が国交省や自治体の公共事業であり、国交省のキャリア官僚から婿入りした父親が2代目を継ぎました。

平成に入り、政権与党となった民主党や橋下徹・大阪府知事の政策などにより、公共工事は激減。同業他社が次々と廃業していく中、売上が低下の一途をたどりながらもF社は何とか生き抜きました。当時の売上は20億円、従業員は36名。全盛期の1割にまで落ち込んでしまったものの、大阪府下の中堅ゼネコンでは常にトップグループの一角を担っていました。優秀な技術者を多く抱えていることが最大の強みでした。

ところが、2代目社長である父親の時代に、会社は大きく傾きます。そして、当時34歳だったFが社員からの要請を受けて家業に戻り、事実上のクーデターが起こることになります。

アトツギとしての使命感

その話の前に、F自身のことを少し書きます。

Fは5人きょうだいの長男。幼少期から、創業者の祖父に「跡取り」として扱われていたこともあり、「いつかは会社を継ぐことになるのだろう」と感じていたそうです。学生時代も会社の現場で短期アルバイトをするなど、積極的に関わりを持ち続けていました。

学生時代のFは、神戸でバーを開業したり、イベント企画をてがけたり、個人事業みたいなこともいろいろやっていましたが、「いつかは家業を継ぐんだ」という気持ちがあったから、就職することは全く考えていなかったそうです。それなのに、わたしが当時勤めていた大阪産業創造館で仕事をすることになったのは、「家業を継ぐ前に1回くらいサラリーマンっぽいことをやっとこうという好奇心と、中小企業経営が勉強できると周囲に説明できるし都合がよかった」という、まあなんともいい加減な理由でした。

実は、彼を面接して採用したのは、当時事業部長だったわたしです。まともな社会人経験もない28歳の若者の採用を決めたのは、商売人の家に育った人特有のセンスを感じ、中小企業やベンチャー企業の支援の仕事に適性があると判断したからでした。実際、この「ろくでもない若者」は、経営者たちの信頼を得て、いつしか中小製造業の研究開発支援分野でエースになっていきました。

そんなある日、家業のF社から連絡が入りました。その頃、F社はFの父親が会長、その右腕的な人物が社長を務めていましたが、事業における実質的な決定権者は会長である父親のままでした。創業者の祖父は一線からは退いています。一方、祖父から「跡取り」を期待され続けてきたFは、相続対策もあって父親を飛び越してF社の株の70%を相続し、実質的なオーナーになっているという「歪《いびつ》な」構造となっていました。

連絡をしてきたのは、社長と財務担当役員。「会長（Fの父親）には内密で会いたい」ということです。職場近くの喫茶店で面会したところ、彼らは会長の放漫経営があまりにもひどく、会社が潰れそうだ、と訴えた後、こう言いました。

「メインバンクの担当者は、経営者が変わらないのであれば支援をやめるといっている。だから、議決権を持つあなたに社長に就任してほしい」

ちなみに、この時のF社の経営状況は、決して悪いものではありませんでした。年商20億円前後をキープしており、債務は2億円程度。業績がこのまま推移すれば3〜5年で返せる額ですが、この2億円は会社から個人に貸し付けられていたのです。

会社から経営者個人に対する貸し付けは、銀行からの信頼を失墜させるので、一般的にタブーとされています。しかも、貸付先の名義は、父親だけではありません。祖父名義、親戚名義、天下り役員名義など、回収不能な債権が山ほどありました。会社から借り入れた資金を私的に流用したり、失敗した新規事業の穴埋めに使ったりなど、銀行からの信頼を失う行為を重ねてきたことを、Fはこの時初めて知りました。

公共事業を手掛ける以上、銀行との付き合い方は重要です。というのも、単年の工事を取れたら必要な資金を調達し、年度末に工事を終えて、借り入れた額を翌年度初めに一気に返済するというキャッシュフローでまわっているからです。つまり、銀行からの融資がなければ存続できない業種であり、輸血が止められた瞬間に即死するのがゼネコンなのに、父親が銀行との信頼関係をないがしろにしていたことに、Fはショックを受けます。

この時まで、Fと父親の仲は特別悪いわけではありませんでした。「この不景気に生き残っているなんて、たいしたもんだ」と思っていたくらいです。

しかし、子どもの頃から何かにつけ馴染んできた会社です。創業者である祖父の想い、また、社員が一生懸命働いていた姿を覚えていた彼は、この事態の収拾に立ち向かうことに躊躇はありませんでした。

「会社を支えてきた社員に申し訳ない気持ちと、社員のために会社を守らないといけないという創業家の跡取りとして育ってきた責任があった」

当時、Fは34歳。この時の使命感が、大げさに言えばFを「地獄」への入り口に立たせたのでした。

社内に蔓延する不正行為

Fは、まずはメインバンクの担当者であるK部長に会いに行きました。用心深いところもあるFが、社長や財務部長からの話に可能な限り裏付けをとり、状況を確認したうえでのことです。銀行との交渉にはそれなりに見込みがあると思っていました。実際、「Fさんに社長をバトンタッチするのであれば、継続的に支援する」とK部長は明言したそうです。「銀行員は口約束をしないものなのに、珍しいな」と思いつつも、その言葉に力を得て、父親を追い出し、会社を立て直そうという決断を固めました。そして父親に対して、株主権限を行使して解任する旨を通告したのです。

かくして代表取締役に就任したFの最初の仕事は、債務の継承でした。早速メインバンクに呼ばれ、7通の債務関連書類に連帯保証人の押印をさせられました。総額は2億円。経営者の家に生まれ育った人たちは、事業の継続に借り入れが必要なのは当たり前のこととして認識しているものですが、そうはいってもほんの2か月前まで普通の勤め人だった彼にとっては忘れられない瞬間だったと思います。

その後、2~3か月をかけて全社員と個別面談を実施しました。この面談で、予想外のことがいろいろと判明します。先代の父親だけでなく、前社長や財務部長の評判もすこぶる悪かったのです。「会社の再建に向けた大事なタイミングなのに誰を信じたらいいかわからず疑心暗鬼になった」といいます。

また、社内の不正や横領を指摘する社員も一人や二人ではありませんでした。会社の風土は経営者そのものを映し出す鏡であり、経営者のふるまいは社内に伝染します。この風土をつくり、今日の事態を招いてしまった元凶は自分の父親でした。

メインバンクからの突然の連絡

事業においても、問題が勃発します。財務を任せていた会計コンサルタントSから「メインバンクが融資に難色を示し始めた」との連絡が入ったのです。前年度の工事代金10数億円がほぼ回収され、工事に紐づいた債務を返済した直後でした。

Sによれば銀行が融資に難色を示し始めたのは、「今年の工事の落札状況が悪く、売上の見込みが立っていないから」だといいます。とはいえ、この時点（4〜5月）では、国交省から入札案件そのものがほとんど出ておらず、失注したわけではありません。そもそも入札案件が出てくるのは、5〜8月。見通しとして、当初からの計画に狂いはなかったのに、「融資が難しい」という銀行からの突然の連絡に、経営陣は騒然となりました。

その後、銀行からのプレッシャーは日増しに強まり、5月末には「融資できない」という結論を言い渡されました。資金ショートまでの猶予は2か月、事実上の死刑宣告です。「約束が違う」。Fが何度、再交渉を試みても、銀行の審査部が出した結論を覆すのは不可能でした。

銀行から代わりに提示されたのが、A建設への事業譲渡でした。吸収分割というスキームを使い、F社の収益事業だけをA建設に無償譲渡し、債務はF社に残すという荒療治です。具体的には、A建設が新しくつくった会社にF社の土木事業を移し、抜け殻となったF社は2億円の債務を抱えながら自社ビルの管理を行う会社として継続させるというのです。大阪市の中でも辺鄙な場所にあり、4階建てなのにエレベーターもなく、老朽化していることに加え、無理な増改築を重ねてきたことにより役所の検査をうけていないため、事務所用途以外には使用できません。当然、借り手の見込みもなく、2億円の債務を返済できるような不動産ではありません。売却しても8000万程度の価値なので、債務は残ってしまいます。

銀行が描いたシナリオは、土木事業を分離した後のF社を倒産させる前提のスキームです。F社は大きな衝撃を受けたものの、「残り2か月でスポンサーを探すから必要ない」とだけ毅然として伝えました。あてがあったわけではありませんが、やすやすと受け入れるつもりはありませんでした。

その直後にA建設から「話だけでも聞いてくれ」と連絡が入ります。情報収集を兼ねて応じることにしましたが、開口一番、高圧的な態度で「1円での全株式譲渡以外、交渉には応じない」と言われたため「お宅に売るつもりはない」とここでも突っぱねることになります。A建設にはメインバンクからの天下り役員がいたことも判明しました。

この時から、本格的にスポンサー探しを始めました。代わりにメインバンクになってくれそうな銀行に手当たり次第に打診していきますが、色よい返事はなかなかもらえません。

理由は二つありました。

一つは、創業者である祖父がメインバンク重視の方針を貫いていたため、2番手、3番手の銀行と信頼関係がつくれていなかったこと。

もう一つの理由は、「債務が少なすぎた」ことでした。意外に思われるかもしれませんが、健全な財務状況なのにメインバンクが見放すということは、何かあるのではないかと警戒されたのです。一部の関係者からは、「債務の桁がもう一つ大きければ支援できたかもしれない」と言われ、Fは愕然とします。

1800人分の食い扶持がかかっている

Fは融資してくれる銀行を探すのと並行して、M&A候補も探して歩きました。脈があったのは、某建築会社のオーナー個人が持つ資産管理会社B社でした。

資金ショートまで2週間に迫った頃、B社の担当者から、A建設よりも好条件でのM&Aが提示されました。「事業分割なし。そのままの形で事業を継続する」「Fは会社を手放すことにはなるが、個人の債務は発生しないし、場合によっては社長か顧問の形でかかわってもらってもいい」という条件でした。Fは、この話を水面下で進めることにしました。

とはいえ、これまでも何度も裏切られてきました。実際に契約を交わすまでは安心できません。

「こっちは、会社の命運がかかっている」

B社の担当者に、執拗ともいえるほど何度も確認をとりました。「九分九厘やります。安心してください」とは言ってくれるものの、月末間近になっても一向に契約書面が届きません。

結局、契約が締結されないまま、資金ショートする前日を迎えます。この日は諸々の支払期限でもあったので、入金がない取引先からの電話が鳴りまくりました。「今月入金がなかったらうちも潰れる」「今から集金に行きます」と電話口で怒鳴られて、会社は大混乱に陥ります。B社担当者から連絡が入ったのは、このタイミングでした。「すみません、やっぱりできませんでした」

それを聞いたFの全身は、一瞬にして怒りと憎しみに支配されました。と同時に、目の前の大混乱を「明日までに何とかしなければならない」という焦りが押し寄せてきたといいます。

Fは、最悪の場合に備えて破産申し立ての準備を進めてもいました。資金ショートが決定的となる7月31日までに資金の目途がつかなかった場合は、8月1日付で裁判所に申し立てをする。その場合、全従業員を昔から付き合いのある準大手企業のC社に引き受けてもらうことで話がついていました。とはいえ、破産した場合は下請け企業の債務を踏み倒すことになり、連鎖倒産の恐れがあります。下請け会社は30社以上、どこも小さな会社です。それぞれの会社の従業員は平均して15人くらいだとしても、その人たちには家族がいます。

「単純計算で、30社×15人×4人家族=1800人分の食い扶持がかかっている」

何としても破産だけは避けたい、そう強く願っていました。

1%未満でも可能性があるなら

30日の晩には、翌日のリミットを前に、全社員が会社に残り、徹夜で待機していました。会社の行く末を案じ、不安を募らせる社員にかける言葉が見つからず、Fは社長室にこもっていました。

顧問弁護士から「明日の朝一で裁判所に行くから」と電話が入りましたが、Fはそれを了承しませんでした。なぜなら、ギリギリで断ってきたB社担当者が申し訳なく思ったのか、「自社では無理だが、別のスポンサーがいるから、明日の午前中まで待ってくれ」と言ってきたからです。なんとか破産を避けたいFは、最後の望みに賭けて、少しでも時間を延ばそうとしたのです。

「いまさら何を言ってるんだ」

弁護士は電話の向こうで怒鳴っています。破産手続きが遅れると、あとあと面倒なことが起こる。それを懸念してのことだったようですが、Fは、たとえ1％未満でも可能性があるなら、最後までそこに賭けたいという一心でした。

徹夜明けで迎えた31日の朝。B社からは「別のスポンサーも無理だった」という無情な連絡が届きました。結果を弁護士に伝えようとした矢先、信じられないタイミングで電話をかけてきたのはA建設でした。

「今から東京本社に来てください、昼に調印できれば、15時までに資金を振り込みます」

午前10時過ぎ。すぐに新幹線に飛び乗れば支払いに間に合う、ギリギリのタイミングでした。それまでのA建設やメインバンクへの負の感情は一切忘れ、まさに藁にも縋る思いで代表印をもって東京に向かいました。

契約内容もろくすっぽ確認せず、求められるままに押印し、契約を締結。入金を確認したのは資金ショートのリミットの15分前でした。

事業譲渡金額は「1円」

契約締結後、A建設の総務担当者が1円玉と領収書を持ってきました。1円玉を受け取ったFは、領収書に押印。祖父の代から築いてきた会社が1円になってしまったという屈辱と喪失感は鮮明に覚えているし、一生忘れることはないけれど、「破産を避けられたという安堵感のほうが強かった」そうです。

徹夜明けでもあり、暑い盛りの時期です。汗でよれよれのシャツに髭面といった様相で会社に戻り、社員を食堂に集めました。受け取った1円玉を見せながら、結果を説明しました。

「この会社は1円で売却しましたが、皆さんの仕事と生活は守られます」

社員も皆、徹夜明けです。倒産を免れ、大手の傘下に入ったことによる安心感と、長年勤めた会社が競合他社に売却されたことへの複雑な感情が入り混じったような、不思議な空気が漂っていたそうです。

この買収劇のシナリオを描いたのが誰だったのか、憶測の域を出ません。確かなのは、この事態を招いたのは先代の社長つまり自分の父親であったこと。父親の放漫経営により、会社は傾いた。Fは、父親が私的に流用した会社のお金で自分は育ったのかもしれないという気持ちが拭えなかったといいます。

その後、Fは債務だけを引き継ぐ形でできた資産管理会社の社長になります。残された建物の運用をなんとかできないかと考えましたが、とうてい無理な話でした。50人以上の弁護士、金融コンサルタント、経営者に相談して歩きました。ほぼ全員から言われた答えは「すぐに破産したほうがいい」でした。

でもFはどうしても破産をしたくなかったのです。

「日本では破産した人間へのペナルティがまだまだ根深い。再挑戦する時に必ず障壁になる」

一人もがいていた時に、知り合いを通して、関西最大手の弁護士事務所の会長に繋がることができたのは幸いでした。電話で一連の話を聞いた会長から、「経営者保証のガイドライン」を活用して、債務免除の調停を進めてみようと言ってもらえたのです。「経営者保証のガイドライン」とは、中小企業への融資について、合理的な保証契約のありかたを示すとともに保証履行時の保証債務の整理手続きや経営者の経営責任のありかた、残存財産の範囲についてのルールを示したものです。その事務所が調停業務を引き受けてくれることになりました。

とはいえ、債務免除になる可能性は高くない状況の中で3年の月日が流れます。ビジネスパーソンとして大いに活躍できる可能性のある30代を、いわば生殺しにされた状態で過ごすことになりました。

「動きのとれない状態で時間だけが流れていくことが一番しんどかった」

数年間の調停を経て、F個人の債務は免除されることに。債務だけを引き継いだ会社を破産させ、彼の本質的な再建処理（「事業承継」と言ったら皮肉に過ぎるでしょうか）は終わりました。家業に戻った日から5年が経過していました。

Fは、父親とは今も絶縁状態だそうです。

再建の過程で住んでいた家を売却し、娘のところに身を寄せることになった創業者の祖父は、当時90歳。毎週月曜日には電車を乗り継いで、建物だけになってしまった会社に顔を出したそうです。「息子が会社を傾かせ、その尻拭いをしている孫を案じてのことだったと思う」。裸一貫から会社を立ち上げ育て上げた祖父はFには特別な存在でした。

*

その後、Fはライフサイエンス分野でベンチャービジネスへの挑戦を始めました。この先、どうなるかはわかりません。でも34歳からの5年間、人生で一番脂がのっているタイミングで手痛い経験をすることになった彼には、きっと乗り越えられない壁はないでしょう。わたしは、そう信じています。

今でも、Fのもとには、当時のF社の社員から折にふれ、連絡がくるそうです。

「社長として戻ってきてほしい」

どんな状況でも逃げなかった姿を近くで見ていた社員が、今でもそう声をかけてくれることで、家業の再建に投じた彼の数年間も少しは報われたのではないでしょうか。

Fは、会社を譲渡した時に受け取った「1円玉」を今も大切にしまっています。

「今のビジネスで成功したら、いつかF社を買い戻したい」

それは合理的な判断だとは言えないかもしれません。でも、そう語る彼のことを否定できる人はいるでしょうか。アトツギは、電卓だけ叩いて損か得かで人生の選択をしているわけではない。親友Fはその生きざまで、わたしに教えてくれました。

終章

予算も、権限も、人脈も、経験も、ないからこそ

家業を自分らしくアップデートし、業績を上げている経営者に共通していることがあります。それは、家業に戻った「ただの若者」だった時から行動を続けてきたことです。

挑戦といっても、大それたものとは限りません。工場が休みの時に試作品をつくってみた、手づくりのチラシを携えて取引先に営業に行ってみた、思いついたアイデアを深めるために人に会いに行ってみたなど、小さな一歩。そこから事業化までの道のりは長く、たくさんの壁がありますでも、今、オンラインコミュニティ「アトツギファースト」でメンターとなり、悩める後輩たちの相談に乗ってくれている先輩たちは口をそろえて言います。

「あの時、夢中で動いたことが今につながった」

最初の一歩がなければ、今はなかった。彼らは「ただの若者」として家業に戻ったばかりの時の挑戦がどれほど重要か身をもって経験しているのです。

あたえられた予算も強い権限もない。人脈も、経験も少ない。ないない尽くしの時代は、一方で、将来の会社の柱となる事業のタネを蒔く絶好のタイミングでもあります。社長に就任したあとでは、当然ながら、経営者としての仕事が優先されます。従業員のマネジメント、銀行との交渉、既存事業の維持拡大、業務改善、資金繰りなど、目の前にある仕事をこなしていかなければなりません。新規事業に費やす時間や労力の余裕はさほどなくなってしまいます。

だからこそ、先代がまだ現役で経営者の仕事をしてくれているうちに、次の10年、20年の会社の柱となる新規事業のタネを蒔く。それができるのは、実は家業に戻ってきたばかりの時期だけだといっても過言ではありません。

先代は言うでしょう。「本業のこともわかってないのに、何が新規事業だ」。わたしも先代の立場ならそう思います。アトツギの新規事業は2階建て。本業の理解なくして新規事業の成功はありません。だから、昼間はしっかり本業を頑張る。新規事業に関することは、夜や週末にやればいい。それは、まえがきで紹介した村井さんをはじめ、本書で紹介したアトツギベンチャー経営者たちが実践してきたことです。

全国に拡がる「ベンチャー型事業承継」の波

アトツギは、今、地域の担い手として期待されています。特に、後継者不在問題が深刻な地方ほど、若い世代の後継者支援に舵を切っています。

地域に根付いて商売を続けてきた会社には従業員や工場や取引先があって、従業員の家族は地元の学校に通っている。簡単に会社の所在地を移すことはできません。彼らは「ここで生き残らなければならない」人たちです。家業がしっかり継続できるように、強みを生かして新規事業に打って出る。そういう会社を行政が後押しするケースが日に日に増えつつあるのは当然の流れかもしれません。

そのような時代の要請を受けてスタートしたのが、同族企業の後継者・後継予定者を対象にしたオンラインコミュニティ「アトツギファースト」です。中小企業の経営を引き継ぐのは世間が思うほど楽ではありません。彼らが社長に就任するまでの間にやっておくこと、知っておいた方がいいナレッジやノウハウを学ぶ、いわば経営者になるための予備校のようなプラットフォームです。

誰かの正解が全員の正解ではありません。一つのテーマに対して多様な解決の仕方を共有しあうことで、一人ひとりに目の前の課題を乗り越えていってもらうことが目的です。「あの時こうしておけばよかった。こういう準備をしておけばよかった」という、先輩経営者の意見をもとに、アトツギならではの課題を体系化しています。

自分の時代観を信じて、境界線を越えていこう

新参者は、既存事業においては、先代や他の社員と比べて、経験も知識も不足しているかもしれません。でもあなたが先代や古参社員と比べて圧倒的に優位性があるのは「時代観」です。この時代に育ったから、若い世代だからこそ、時代の風を読めるのです。

未来志向の経営者になるために
アトツギ時代に学んでおくこと

出典／「アトツギファースト」学びのメソッドより抜粋

ベンチャー型事業承継とは、世代交代を機に、後継者が今ある経営資源を徹底的に棚卸しして、掘り起こした強みを軸足に、「これからの時代」と「自分らしさ」を掛け算して、新しい事業領域に挑戦することです。選択と集中をすれば、今までの事業の一部を捨てざるを得なくなる場合もあります。その事業に特別な思いを持っている先代や社員、あるいは自分の家族や親族を敵に回すことになるかもしれません。会社はパブリックな組織ですが、家族や親子がベースとなっている同族企業ではロジカルなコミュニケーションが通用しないので、心が折れる局面もあるでしょう。

でも、少々反対されたくらいで諦める程度のものなら、あなたの熱量もその程度だったということです。事業化できたとしても、うまくいかないでしょう。むしろ多少の反対があった方が、「それみたことか」と言われないように、障壁や課題を一つずつクリアにしていく過程で実現性の高い事業計画に進化させられる。

先代や古参の社員との衝突や軋轢は多少あった方がいいんじゃないかとさえ思うくらいです。なぜならアトツギは、その時に繰り返す自問自答によって、自分自身の奥底にある意志を再確認できるからです。

「先代や周囲の反対を押し切ってでも、自分は本当にそれをやりたいのか」
「なぜ自分がやるのか、ただの承認欲求になってやしないか」
「自分はアトツギとして会社の何を残し、何を変えるのか」
「自分は人生を賭して何を実現したいのか」

わたしはアトツギ経営者の本質的な強さは自問自答の量とかけた時間から生まれると思って

います。理解者だらけのスムースな事業承継より、反対勢力の中で自問自答を重ねながら行動を起こすことこそが、その後の経営判断のモノサシを創っていくのではないでしょうか。

自分はひとりだ。

そう思うこともあるでしょう。そんな時こそ、本書でご紹介してきた社長たちのことを思い起こしてください。彼らが家業に戻ったばかりの頃を、リアルに想像してみてください。彼らもまた、今まさにオンゴーイングで孤軍奮闘しているあなたのように、危機感と野心の間で葛藤し、自信を失い、奮起し、孤独を感じ、打ちのめされ、誰かの言葉に救われ、なぜ家業を継ぐのか、何を残すのか、自分は人生を賭して何を実現したいのか、自問自答しながら行動を続けてきました。

日本にある企業の99%以上は中小企業で、その9割を占めるのはファミリービジネス（同族経営）です。彼らは、変わりゆく時代の中で必要とされる会社であり続けるために、新しい価値を世の中に生み出してきました。その営みは単なる「中小企業の新規事業」ではありません。イノベーションそのものです。しかし、総務省の予想では、２０２５年には日本の社長の64%が70歳以上を迎え、うち3分の2が後継者不在になるといわれています。

このままでは、日本を支えてきたイノベーションの源泉が失われてしまいます。だから、会社の永続のために新しい領域に踏み出そうとしているアトツギがいたら、応援していただけませんか。彼らが家業の存続のために取り組んでいることなら、彼らの覚悟を確認できたなら、責任を託してほしいのです。後ろから導いてほしいのです。荒削りに見えても、未熟であっても、与えられた機会と立場が彼らを少しずつ「真の経営者」にしていきます。

そして彼らの挑戦を知った次の世代が地元に戻って後に続く。そんな景色が各地に拡がっていくことを切に願っています。

何度でも言います。

ユニコーン企業（評価額が10億ドルを超える未上場のスタートアップ企業）が1社生まれるより、家業のビジネスを10倍に伸ばせるアトツギが1000人誕生した方が、日本はきっと豊かになる。

わたしは本気でそう信じているのです。

あとがき　「預かったもの」を未来に託す

我ながら、ずいぶん熱量の多い本になりました。

取材を通じてこれまでに出会ったたくさんの「引き継ぐ人」たち。話を聞けば聞くほど「どうしてこんなことができるんだろう」「どうやったらこんなふうに考えられるんだろう」という素朴な疑問が浮かび、その「熱さ」と「魅力」にとらわれていきました。

すっかりアトツギワールドに魅せられたわたしは、オンラインコミュニティ「アトツギファースト」を運営しながら、行政や金融機関の応援団を増やすために全国各地を飛び回る日々です。

正直なところ、「一体、なんでこんなことやっているんだろう」と我に返ることがしばしばあります。50歳を超えてアトツギTシャツ（つくってしまいました）を着て、地方遠征しまくって、からだもボロボロ。

どうしてそこまでアトツギにこだわるのか。この本の出版を機に、改めて考えました。

思うに、彼らの多くは、倒産寸前の家業を継ぐというようなどう考えても割に合わない選択をします。そして、誰かに与えられた答えではなく、自分が選んだ答えを自らの情熱で正解に変えていこうとしている。傍目にはまったく合理的とは思えないアトツギたちの行動や発想の基盤には、「預かったものをちゃんと次へつないでいきたい」という思いがあることに気づきました。社名、技術、社風など、預かった価値を残していくことを「経済合理性」や「効率」よりも優先させている。その姿は、ほんとうに美しくて、豊かで、尊い。わたしはそこに共鳴しているのだと思います。

わたし自身にも、「この人生で何かを残して、この世を去りたい」という気持ちがあります。今、この世に生きている意味はそこにあると思うのです。

（じゃあ、何を残す？　何を残したい？）

ずっと考えてきて、ようやくその答えを見つけました。

「預かった価値を、次の世代の誰かに託す文化そのものを残したい」

「預かる、託す」という行為は責任を伴います。自分で買ったものならまだしも、誰かから大事に託されたものは失くせない。託す方だって同じです。簡単に失くさないと思える人に託す。預かる人と託す人双方の覚悟が、結果的に価値ある何かを未来に残すのではないか。それこそがロボットではないわたしたちが大切にすべきことだと思うのです。

「先人から預かった人が、今度は誰かに託す」。これはビジネスの世界だけの話ではありません。わたしたちの社会は歴史から預かったもので溢れています。企業だけでなく、さまざまな世界で「預かって、託す」ことが、最も大切な価値観になっていく時代に突入しているのではないかと感じています。近視眼的な合理性ではなく、預かる人間と託す人間の覚悟があるかどうか。時に非合理なまでの人間の決断と行動が未来の世界をつくっていくのだと思います。

本書の出版にあたって、わたしのベンチャー型事業承継の伝道師としての活動は、人生で経験したすべての点と点が線で繋がったものであることを再認識することができました。子どもを産む機会には恵まれませんでしたが、若い世代が未来を描く機会を創ることで、わたし自身が生かされているのかもしれません。

そんなわたしの人生の根っこにいるのは、世界一の理解者であり、世界一の親友にして、最愛の母、あさみちゃんです。

「他の誰かじゃなくて、貴女はどう考えてるの？」

幼い頃から、世の流行はもちろん、ニュースや世論だって疑ってかかれとばかりに、自分が直接見たり聞いたり感じたりしたことを信じなさいと育てられました。おかげで、長いものに巻かれるのが苦手なインディーズ系の大人になってしまったわけですが、社会人になってから特に、マスコミやインターネットから流れてくる情報ではなく、現場で自分自身が五感でビビッドに感じたことを大事にして生きてこられたように思います。

経験の機会を与えてくれたすべての人に尽きせぬ感謝を。

そして、宝の山に気づかせてくれた全国のアトツギたちに心の底から感謝を。

２０２３年12月

山野千枝

謝辞

アトツギ支援に取り組み始めた当初から、その価値に賛同し、支えてくださった方々、共に汗をかいてくれる仲間たちに、改めて感謝いたします。（敬称略）

秋葉剛史　野村證券株式会社
浅野哲也
荒木孝治　関西大学
石井芳明　経済産業省
糸川郁己
井上賢一
入山章栄　早稲田大学ビジネススクール
衛門宏樹　野村證券株式会社
大上博行　一般社団法人ベンチャー型事業承継
大舘裕右　一般社団法人ベンチャー型事業承継
大西崇暉　一般社団法人ベンチャー型事業承継
大橋亮太　一般社団法人ベンチャー型事業承継
大本将太　りそな銀行
奥村真也
香月夏子
勝村ちひろ　株式会社千年治商店

加藤順彦　株式会社 ToGEAR MSC
川崎康史　野村證券株式会社
菊川人吾　経済産業省
木村健彦　大同生命保険株式会社
後藤俊夫　日本経済大学
財前英司　関西大学
坂本有伽　一般社団法人ベンチャー型事業承継
渋谷順　株式会社スマートバリュー
鈴木正靖　燈友法律事務所
墨俊希　一般社団法人ベンチャー型事業承継
角谷禎和　公益財団法人大阪産業局
髙井嘉津義　大阪信用金庫
武市寿一　みなと銀行
田村みらい
鶴谷隆
中本卓利

中山佳奈江
中山亮太郎
西河智崇
信岡良彦
橋爪直輝
濱口健宏
藤野英人
藤吉雅春
別所宏朗
松尾泰貴
宮内禎一
森門明日香
八木温子
山井太
山岸勇太
山下竜希
山本泰正

株式会社マクアケ
大阪府庁
エヌエヌ生命保険株式会社
経済産業省九州経済産業局
日建産業株式会社
レオス・キャピタルワークス株式会社
Forbes JAPAN
大分県庁

日本経済新聞
経済産業省近畿経済産業局
一般社団法人ベンチャー型事業承継
株式会社スノーピーク
一般社団法人ベンチャー型事業承継
一般社団法人ベンチャー型事業承継
野村アセットマネジメント株式会社

多くの気づきを与えてくれる全国のアトツギベンチャー経営者のみなさん（2023年12月現在）

メンターとして後進に惜しみなく体験をシェアしてくださっている方々に
心からの感謝を申し上げます。（敬称略）

青木一郎　株式会社青木松風庵（大阪府）
青木大海　株式会社サンテック（香川県）
阿古哲史　株式会社ジャパン・ファームプロダクツ（奈良県）
浅井雄一郎　株式会社浅井農園（三重県）
朝霧重治　株式会社協同商事（埼玉県）
阿知波孝明　アチハ株式会社（大阪府）
有本哲也　株式会社デジアラホールディングス（兵庫県）
居相浩介　アベル株式会社（大阪府）
筏由加子　リボン食品株式会社（大阪府）
伊藤彰浩　株式会社伊藤農園（和歌山県）
岩﨑剛士　株式会社京葉エナジー（千葉県）
岩田真吾　三星グループ（岐阜県）
上間喜壽　株式会社上間フードアンドライフ（沖縄県）
江上喜朗　ミナミホールディングス株式会社（福岡県）
太田泰造　錦城護謨株式会社（大阪府）
大坪正人　由紀ホールディングス株式会社（東京都）
岡崎淳一　ジャスト株式会社（山形県）
岡野武治　岡野バルブ製造株式会社（福岡県）
岡本諭志　株式会社清華堂（大阪府）
小川亮　株式会社プラグ（東京都）
小田島春樹　有限会社ゑびや（三重県）
小渡晋治　株式会社ｏｋｉｃｏｍ（沖縄県）
樫山剛士　エムケーカシヤマ株式会社（長野県）
片山淳一郎　環境機器株式会社（大阪府）
勝谷仁彦　株式会社アクラム（奈良県）
金井敬　リブウェルグループ（大阪府）
金入健雄　株式会社金入（青森県）
包行良光　株式会社筑水キャニコム（福岡県）
亀田篤志　株式会社ビー・アンド・プラス

（埼玉県）

亀田寛　亀田産業株式会社（栃木県）

川口信弘　株式会社川口スチール工業（佐賀県）

菅大介　株式会社チェリオコーポレーション（京都府）

北村圭介　株式会社 Kitamura Japan（愛知県）

北村甲介　株式会社リビングハウス（大阪府）

木村祥一郎　木村石鹸工業株式会社（大阪府）

木村哲也　旭鉄工株式会社（愛知県）

木村尚博　株式会社山利（和歌山県）

木村光伯　株式会社木村屋總本店（東京都）

楠泰彦　クスカ株式会社（京都府）

久保昇平　関西巻取箔工業株式会社（京都府）

窪之内誠　環境大善株式会社（北海道）

桑原賢史朗　桑原電工株式会社（北海道）

小西康晴　生野金属株式会社　株式会社ロボリューション（大阪府）

小橋正次郎　KOBASHI HOLDINGS 株式会社（岡山県）

小林昌平　株式会社あみだ池大黒（大阪府）

小平勘太　小平株式会社（鹿児島県）

桜井一宏　旭酒造株式会社（山口県）

酒見史裕　ワアク株式会社（福岡県）

汐見千佳　富士フィルター工業株式会社（東京都）

島田真太郎　テクノツール株式会社（東京都）

島田義久　株式会社ミライエ（島根県）

清水雄一郎　大阪製罐株式会社（大阪府）

下岡純一郎　株式会社クアンド（福岡県）

下園正博　株式会社下園薩男商店（鹿児島県）

白神康一郎　白神商事株式会社（岡山県）

新村浩隆　有限会社十勝しんむら牧場（北海道）

杉本光崇　株式会社トリパス（北海道）

杉山耕治　株式会社ミヨシ（東京都）

高木一成　株式会社タカギセイコー（長野県）

髙島一郎　神田工業株式会社（兵庫県）

髙橋滉　株式会社中華・高橋（東京都）

田上剛大　株式会社中納言（兵庫県）

高本泰朗　株式会社リゲッタ（大阪府）

高山智壮　株式会社高山（宮城県）

竹内香予子　平安伸銅工業株式会社（大阪府）

竹延幸雄　株式会社ＫＭユナイテッド（京都府）

立花千月香　株式会社御花（福岡県）

坪井健一郎　株式会社坪井利三郎商店（愛知県）

壺井豪　株式会社ケルン（兵庫県）

鶴厚志　ハンワホームズ株式会社（大阪府）

戸谷大地　株式会社ビートソニック（愛知県）

富山浩樹　サツドラホールディングス株式会社（北海道）
友田諭　株式会社友桝飲料（佐賀県）
友安啓則　株式会社友安製作所（大阪府）
鳥居大資　鳥居食品株式会社（静岡県）
中井貫二　千房ホールディングス株式会社（大阪府）
中村広樹　ベストリビング株式会社（大分県）
西出喜代彦　HONESTIES株式会社（大阪府）
西村昭宏　株式会社西村プレシジョン（福井県）
能作千春　株式会社能作（富山県）
長谷享治　長谷虎紡績株式会社（岐阜県）
福地一仁　株式会社福地組（沖縄県）
藤井博文　株式会社増田桐箱店（福岡県）
干場健太朗　株式会社ふくべ鍛冶（石川県）
堀田将矢　堀田カーペット株式会社（大阪府）
堀田敏史　株式会社ホリタ（福井県）
前田大介　前田薬品工業株式会社（富山県）
松尾尚樹　松尾産業株式会社（大阪府）
真鍋康正　高松琴平電気鉄道株式会社（香川県）
三谷忠照　三谷産業株式会社（石川県）
三寺歩　ミツフジ株式会社（京都府）
宮川将人　有限会社宮川洋蘭（熊本県）
村井基輝　株式会社カスタムジャパン（大阪府）
村岡浩司　株式会社一平ホールディングス（宮崎県）
森實敏彦　株式会社タマディック（東京都）
森田真輔　森田緑化株式会社（徳島県）
門間一泰　株式会社門間箪笥店（宮城県）
簗瀬大輔　株式会社ストラテ（神奈川県）
柳瀬隆志　嘉穂無線ホールディングス株式会社（福岡県）
山上裕一朗　株式会社山上木工（北海道）
山﨑一史　株式会社アックスヤマザキ（大阪府）
山下和洋　株式会社ヤマシタ（静岡県）
山添卓也　株式会社中村製作所（三重県）
山田岳人　株式会社大都（大阪府）
山中武　株式会社マルニ木工（広島県）
山根太郎　株式会社サンワカンパニー（大阪府）
山本典正　平和酒造株式会社（和歌山県）
山本堅嗣宣　ヤマゼンコミュニケイションズ株式会社（栃木県）
山本勇輝　HILLTOP株式会社（京都府）
横田智之　株式会社ナンガ（滋賀県）
脇本真之介　ワキ製薬株式会社（奈良県）

本書へのご感想をぜひお寄せください。

劇的再建《げきてきさいけん》　「非合理《ひごうり》」な決断《けつだん》が会社《かいしゃ》を救《すく》う

発　行　2024年1月15日

著　者　山野千枝《やまのちえ》

発行者　佐藤隆信
発行所　株式会社新潮社
〒162-8711　東京都新宿区矢来町71
電話　編集部　03-3266-5611
読者係　03-3266-5111
https://www.shinchosha.co.jp

装　幀　新潮社装幀室
組　版　新潮社デジタル編集支援室
編集協力　白鳥美子
印刷所　錦明印刷株式会社
製本所　大口製本印刷株式会社

ISBN978-4-10-355421-9 C0030